다크 심리학
DARK PSYCHOLOGY

prologue

좋은 인간관계는
냉정함에서 시작된다

인간은 혼자 살 수 없다고들 한다. 실제로 대인관계에서 긍정적인 신호를 얻지 못하고 사회적으로 고립된 이들은 우울증을 겪고 극단적인 생각까지 할 수 있음이 연구로 보고되고 있다. 하지만 인간은 다른 누군가와 함께 살기에 망가지기도 한다. 일보다 인간관계가 더 힘들다는 말은 낯설지 않다. 누군가는 인간관계 속에서 깊은 상처를 받고 건강을 해쳐 항우울제를 복용하게 된다.

누군가는 사람들에게 이용당하고, 누군가는 사람들의 중심에 있다. 같은 말을 해도 어떤 사람은 무시당하지만 어떤 사람은 설득한다. 이유는 단순하다. 인간관계를 도덕이나 감정, 또는 따뜻한 정(情)으로 이해하고 해석할 것인가? 아니면 심리로 이해할 것인가? 이 책은 이 차이를 다룬다.

인간은 본능적으로 계산한다. 많은 사람들은 인간관계를 '진심'의 영역이라 믿는다. "사람은 결국 착하다", "진심은 통한다", "베풀면 돌아온다." 그 믿음은 아름답지만, 동시에 위험하다. 왜냐하면 인간의 본능, 인간의 작동 원리는 그렇지 않기 때문이다.

인간을 따스하게 보면 결국 내가 다친다

다크심리학의 인간관계론은 인간을 낭만적으로 보지 않는다. 인간은 선하지도 악하지도 않다. 인간은 그저 자신에게 유리한 쪽으로 움직이는 동물일 뿐이다. 그것이 인간이 동물과 다르다는 이성의 작용이며, 인간이 가장 잘하는 합리라는 이름의 냉혹한 셈법이다. 우리가 선이라 부르는 행동은 누군가에게 도움이 되지만 동시에 나에게도 이득이 될 때 일어난다. 반대로 악이라 불리는 행동도 본질적으로는 자신을 지키려는 생존의 전략이다.

인간관계는 이기심 위에서 작동한다. 내가 먼저 살아야 한다는 본능은 위기 속에서 가장 선명하게 드러난다.

그렇다고 해서 인간을 비난할 필요는 없다. 오히려 그 사실을 인정하는 순간, 우리는 더 이상 상처받지 않는다. 상대가 나를 이용하려 할 때 배신자라 분노하는 대신, "저 사람의 생존 전략이 작동하고 있구나"라고 이해할 수 있다. 도덕이 아닌 본능의 언어로 사람을 읽을 때 비로소 인간관계를 정확히 예측할 수 있다.

차가운 시선이 관계를 살린다

'다크'라는 단어는 불쾌한 음모를 뜻하지 않는다. 이 책이 말하는 어둠은 인간의 무의식과 본성이다. 우리는 늘 빛나는 가치, 긍정의 언어, 선의의 교류만을 강조해 왔다. 그러나 관계를 오래 유지해본 사람은 안다. 그 속에는 질투, 경쟁, 계산, 체면 등의 욕망이 얽혀 있다는 사실을.

인간의 그늘을 부정해서는 안 된다. 인간을 싫어하지는 말되, 조금은 차갑게 바라봐야 나 자신이 상처받지 않고 인간관계에서 일방적으로 손해보지 않는다. "인간은 이기적이다"라는 냉정한 전제는, 사람을 비난하기 위함이 아니라 현실을 정확히 보기 위한 전제 조건이다.

이 접근법은 두 가지 점에서 기존의 인간관계론과 다르다. 첫째, 낙관에만 빠져 있는 것이 아니라 냉정히 현실을 본다. "좋은 사람 되기"보다 "어떻게 움직이는가"를 분석한다. 둘째, 감정이 아니라 계산을 본다. 모든 관계는 이익의 교환 구조 위에 서 있다. 친구, 연인, 동료, 심지어 가족까지 예외는 없다. 한쪽이 계속 손해를 보거나 더 이상 얻을 게 없다고 느끼는 순간 관계는 멀어진다. 우리의 뇌가 실제로 그렇게 작동하기 때문이다.

이기심을 인정한다고 해서 인간이 무가치해지는 것은 아니다. 오히려 그 인정이야말로 진짜 인간을 이해하는 첫걸음이다. 냉정함이 관계를 부드럽게 만들며 인간의 이기심을 인정하면 인간관계는 오히려 더 탄탄해진다. 감정적으로 상처받지 않기 때문이다. 상대의 행동을 악의로 해석하지 않고, 이익의 선택으로 해석할 수 있다면 마음이 가벼워진다. '왜 나한테만 저래?'가 아니라 '그 사람의 계산이 그렇게 나왔구나'라고 보면 된다.

이것이 다크심리학의 효용이다. 인간이란 이기적이니까 그들과 얽히지 말고 관계를 포기하자는 이야기가 아니다.

오히려 감정의 소모 없이 더 전략적으로 관계를 유지하는 법을 배워야 한다. 이 시점에서 중요한 변화가 일어난다. 우리는 좋은 사람에서 관계를 설계하는 사람으로 바뀐다. 누구에게 얼마만큼의 시간과 감정을 투자할지, 무엇을 주고 무엇을 받을지를 스스로 정할 수 있다. 일방적인 착취는 줄고 교환은 명확해진다. 이기심을 이해할수록 사람을 미워하지 않게 되고 덜 소모되며 더 현명하게 연결된다.

모든 관계는 계산 위에 세워진다

이 책은 총 네 개의 부로 이루어져 있다. 각 부는 인간관계의 단계별 현실을 해부하고 그 속에서 통제력을 되찾는 방법을 제시한다. 1부 '인간관계의 기본'에서는 인간의 이기심을 인정하는 다크심리학 인간관계론의 핵심 철학을 다룬다.

2부 '호감 가는 나를 만드는 기술'은 인간의 본성이 이기적이라면 그 본성 속에서 어떻게 나의 매력을 만들어내어 인정받을 수 있는가를 다룬다. 호감은 우연이 아니며 상대의 사고와 심리를 파고드는 전략의 결과물이다.

3부 '상대에게서 나를 지키는 기술'은 인간관계의 어두운 측면, 즉 거짓말, 무례함, 조작, 소문 같은 현실적인 공격으로부터 스스로를 방어하는 방법을 제시한다. 냉정하게 거짓을 구별하고 무례함에 침착하게 대응하며 소문과 조작 속에서도 흔들리지 않는 전략을 담았다.

4부 '더 원활한 주고받기의 기술'은 보다 구체적인 활용편이다. 부탁을 통하게 만들고, 비밀을 캐내고, 도움을 되돌려받고, 거절하면서도 관계를 유지하는 기술들이 여기에 모여 있다. 감정에 휘둘리지 않고, 인간의 사고방식에 맞춰 인간을 설득하는 사람만이 관계의 주도권을 갖는다.

사람을 바꾸려 하지 말고 관계를 설계하라

이 책은 인간을 비관적으로 보려는 책이 아니다. 오히려 현실을 정확히 보는 법을 알려주는 책이다.

"모든 관계는 거래다."

이 말을 차갑게 들을 수도 있을 것이다. 그러나 나는 오히려 여기서 위로를 본다. 거래에는 룰이 있고, 룰을 알면 다치지 않는다. 반대로 무조건적 사랑이나 조건 없는 희생을 믿는 순간, 사람은 자신도 모르게 희생자가 된다.

착하게만 살지 말고 똑똑하게 굴어야 한다. 누군가의 도덕심과 선의에 기대지 말고 인간의 사고방식과 심리 구조를 이용하라. 그때 비로소 당신은 이용당하지 않으면서도 신뢰받을 수 있다. 상대의 이기심을 인정하고 그 에너지를 나의 이익과 성장으로 바꾸는 것, 그것이 이 책이 말하는 어두운 심리의 밝은 활용법이다.

이 책을 다 읽고 나면 아마 이렇게 느낄 것이다.

"인간은 변하지 않지만 나는 달라질 수 있다."

사람을 바꾸려 하지 말고 그들의 사고와 심리를 읽고 설계하라. 이기심을 인정할 때 감정은 자유로워지고 관계는 훨씬 단순해진다. 인간관계의 피로는 선의의 부족에서가 아니라 현실 인식의 부족에서 온다.

인간을 불신하지는 말되, 그들의 어둠을 읽어라. 그때 비로소 당신은 사람 속에서 흔들리지 않는 중심을 얻게 될 것이다.

목차

prologue 좋은 인간관계는 냉정함에서 시작된다	02

1부 인간관계의 기본

인간의 이기심과 인간관계	14
인간관계는 결국 이익 교환이다	26

2부 호감 가는 나를 만드는 기술

상대가 나를 좋아하게 만드는 방법	42
적을 내 편으로 만드는 방법	60
상대에게 특별한 사람이 되는 방법	78
조직에서 대체 불가능한 사람으로 남는 법	94

3부 상대에게서 나를 지키는 기술

거짓말을 잡아내는 방법	114
무례한 사람에게서 나를 지키는 방법	129
절대로 피해야만 하는 두 가지 유형	150
떠도는 소문 가운데서 나를 지키는 방법	170

4부 더 원활한 주고받기의 기술

상대의 비밀 캐내기	190
거절당하지 않는 부탁을 하는 법	208
말투로 나의 위치를 바꾼다	227
도움을 준 뒤 제대로 되돌려받는 방법	243
거절하고서도 관계를 유지하는 완벽한 거절법	261

epilogue	이제, 인간관계를 다시 써라	280

《 1부 》
인간관계의 기본

"모든 관계는 이익의 균형 위에 서 있다"

1장
인간의 이기심과 인간관계

당신이 믿고 싶은 거짓말

대가 없는 순수한 관계는 그 자체로 아름답다는 믿음이 있다. 진심으로 좋아하는 친구, 무조건적으로 사랑하는 연인. 아무 대가 없이 언제나 나를 돕는 동료, 이해관계 없이 부딪히곤 하는 일상의 주변사람들. 이런 관계가 정말로 존재한다고 믿는다. 아름다운 믿음이지만 당신에게 득이 될 믿음은 아니다. 모든 인간관계는 교환으로 내가 주어야 상대도 준다. 균형이 맞으면 유지되며 한쪽이 더 많이 주면 무너진다. 이것이 전부이고 예외는 없다.

그 뿌리는 바로 인간은 이기적인 동물이라는 점에서 시작한다. 위기가 닥치면 인간의 본성이 드러난다. 평소에는 서로 미소 짓고, 협력하고, 정의를 말하던 사람들도 막상 생존의 위기에 몰리면 태도가 달라진다. "내가 먼저 살아야 한다." 이 한 문장이 모든 선택을 지배한다.

'합리적'이라는 말을 많이 들어보았을 것이다. 경제학은 아주 오래전부터 학문의 전제로 합리적 행위자 이론 rational actor theory이란 것을 두고 있다. 인간이 언제나 자기 이익을 극대화하려는 존재라고 보는 것이다. 사랑, 우정, 윤리마저도 계산의 틀 안에서 움직인다. 위기 상황에서는 그 계산이 더욱 명료해진다. 다른 사람을 도울 여유가 없다. 도와주다가 나까지 죽을 수도 있다. 결국 인간은 자신을 구하기 위해 움직인다.

17세기 철학자 토마스 홉스는 이를 이렇게 표현했다. "만인의 만인에 대한 투쟁." 국가가 존재하지 않는 자연 상태에서는 모든 인간이 적이 된다. 누구도 믿을 수 없고, 오직 자신의 생존만이 절대적 가치가 된다. 홉스는 그래서 사회 계약이 필요하다고 주장했지만 그 전제는 여전히 냉정하다. 인간은 본질적으로 이기적이다. 단지 법과 제도가 그것을 억누르고 있을 뿐이다.

그 억눌림이 사라지는 순간, 본성은 모습을 드러낸다.

2020년, 전 세계를 덮친 코로나19 팬데믹은 그 사실을 다시 증명했다. 사람들은 모두의 안전을 외치면서도 동시에 마스크와 식료품, 휴지를 사재기했다. 창고에는 생필품이 쌓였지만 의료진과 취약 계층에게 돌아갈 몫은 줄어들었다. 인간의 본능은 결국 자신과 가족을 지키는 쪽으로 기울었다. 나부터 살고 봐야 한다는 집단적 자기보호의 본능이 시장을 마비시켰다.

위기의 현장에서 이런 장면은 반복된다. 화재가 발생하면 사람들은 출구로 몰려든다. 대피 안내를 무시하고, 서로를 밀치며 탈출하려 한다. 누군가가 넘어져도 멈추지 않는다. "살아야 한다." 그 외의 명령은 작동하지 않는다. 심지어 일부 연구에서는 사람들이 새로운 출구보다 자신이 들어왔던 문으로 되돌아가려는 경향이 높다고 보고했다. 익숙한 길이 안전하다는 착각이 결국 더 많은 피해를 낳는다.

자원이 충분할 때는 서로 협력하는 것이 합리적으로 보인다. 그러나 부족이 체감되는 순간 인간의 계산은 바뀐다. 생존 확률을 높이는 선택, 예를 들어 배신, 독점, 은닉 등은 급격히 늘어난다. 실험실의 게임이론에서도 참사의 기록 속에서도 패턴은 같다. 도덕의 언어는 희소성 앞에서 생존의 언어로 치환된다.

이러한 행태의 뿌리는 이기적 유전자 selfish gene 라는 진화생물학적 원리에서도 찾을 수 있다. 이 용어와 같은 제목의 책을 저술한 리처드 도킨스는 생명체의 모든 행동은 유전자의 생존과 번식을 위한 전략이라고 말했다. 즉, 우리가 도덕적 선택을 할 수 있을 만큼의 의식을 지녔다 해도 그 밑바닥에는 여전히 생존을 위한 자기보호 본능이 흐르고 있다는 것이다. 위기란 결국 유전자의 본능이 표면으로 떠오르는 순간이다.

사회 안에서의 무임승차 역시 같은 맥락이다. 공동체가 어려울수록 누군가는 책임을 회피한다. "이번엔 다른 사람이 하겠지." 모두가 그렇게 생각하는 순간, 시스템은 무너진다. 위기의 본질은 개인의 이기심이 집단의 생존을 위협하는 역설에 있다.

결국 인간은 위기 앞에서 합리적으로 이기적이다. 살아남기 위해서, 손해를 피하기 위해서, 누군가의 자리를 대신 차지하기 위해서. 그리고 그 합리성은 '악의'가 아니라, 오히려 생명 유지의 논리다. 인간은 이기적이기 때문에 살아남았고 그 이기심이 진화의 원동력이었다.

언뜻 인간은 이타적으로 보인다

그러나 반론도 있다. 많은 심리학자들은 위기 상황이 인간의 '악'이 아니라 '선'을 드러낸다고 주장한다. 재난의 현장에서 벌어지는 수많은 장면은 인간이 얼마나 타인을 위해 헌신할 수 있는지를 보여준다.

재난심리학자 주디 폭스는 대형 재난 후 사람들의 행동을 네 단계로 구분했다. 그 첫 단계가 영웅적 단계 heroic phase 다. 혼란의 한가운데서 사람들은 계산하지 않는다. 불타는 건물 속으로 뛰어들고, 낯선 이를 부축하고, 자신의 구호품을 나눈다. 뉴스 카메라가 없을 때조차 그런 행동을 하는 사람들이 있다. 이타심은 사회적 훈련의 결과가 아니라 인간의 본능 중 하나처럼 보인다.

뇌과학 역시 이를 뒷받침하려 노력한다. 타인을 도울 때 인간의 뇌에서는 도파민과 옥시토신이 분비된다. 이는 기쁨과 유대감을 느끼게 하는 신경 물질이다. 다시 말해, 인간은 타인을 돕도록 설계되어 있다. 도움을 주면 행복을 느끼는 뇌 구조를 가진 것이다. 이렇게 보면 이타심은 인간이 만들어낸

도덕의 산물이 아니라 생리적 보상의 결과처럼 생각된다.

진화심리학자들은 여기에 협력의 과학 cooperative behavior 을 덧붙인다. 이들에 의하면 인간은 경쟁보다 협력을 통해 생존 확률을 높여왔다. 실제로 경제 실험에서 절반 이상은 자기 이익보다 협력을 택한다. '공동체의 성공이 나의 성공'이라는 암묵적 합의가 인간 본성의 또 다른 축이라는 것이다.

역사적 재난의 기록을 찾아보면 이런 반론도 설득력이 있는 것 같다. 미국 델라웨어 대학 재난연구센터의 조사에 따르면 대규모 재난에서 집단 패닉이나 약탈은 극히 드물게 발생한다. 사람들은 오히려 질서를 지키며 서로를 도왔다. 2011년 동일본 대지진 당시 일본 시민들은 공식적인 지원 시스템이나 기존 사회 시스템이 무너진 상태에서 침착하게 연대하고 협력했다. 극한의 공포 속에서도 약탈과 폭동이 아니라 "우리는 함께 살아야 한다"는 집단의식이 작동했던 것으로도 볼 수 있다.

심지어 아주 어린 유아들조차 타인을 돕는 행동을 보인다는 점도 반론의 근거로 사용된다. 독일 막스플랑크 연구소의 연구진은 평균 연령 18개월 정도의 아이들에게 간단한 실험을 했다. 실험자인 어른은 무심코 물건을 떨어뜨린 연기를 했다. 그러면서 떨어뜨린 물건을 줍지 못하는 시늉을 하되 아이를 쳐다보거나 말을 걸지 않고 도움이 필요하다는 신호만 보내도록 했다. 그러자 아이들은 스스로 그것을 주워주었다. 이 실험 결과를 바탕으로 이들은 이타심은 학습이 아니라 본능이라는 결론을 내렸다.

결국은 가면이다

이타심은 분명 존재한다. 그러나 그 뿌리까지 순수하다고 말할 수 있을까? 인간의 도움과 헌신, 희생조차도 깊이 들여다보면 또 다른 형태의 이기심일 수 있다. 겉으로는 이타적으로 보이지만 내면에서는 여전히 나의 이익을 계산하는 무의식적 회로가 작동하고 있다.

호혜적 이타주의 reciprocal altruism가 그 근거가 될 수 있다. 어떤 개체가 당장의 손해를 감수하면서 타인을 돕는 것은 언젠가 그 도움을 되돌려받을 가능성이 있기 때문이다. "지금 도와주면 나중에 나도 도움을 받을 것이다." 이 계산은 명시적이지 않아도 뇌의 학습 체계 속에 각인되어 있다. 즉,

위기 속의 이타적 행동도 결국은 장기적 생존 전략일 수 있다.

가족을 구하려는 본능 역시 마찬가지다. 친족 선택 kin selection 이론은 가족을 위해 희생하는 것은 결국 자신의 유전자를 보호하기 위한 행동이라고 말한다. 겉으로는 사랑과 헌신이지만, 진화의 언어로 보면 유전자 보존의 전략이다. 생물학적 차원에서 인간은 철저히 자기 복제를 중심으로 행동한다.

심리학자들은 심리적 이기주의 psychological egotism 라는 또 다른 설명을 덧붙인다. 사람은 남을 도울 때 쾌감을 느낀다. 죄책감이 사라지고 소속감을 얻으며 자신이 좋은 사람이라는 확신을 강화한다. 이 모든 긍정적 감정은 결국 나의 심리적 안정을 위한 보상이다. 이타적 행동이 아니라 자기 위안의 행동이라는 것이다. 재난 구호에 참여하는 이들 중 상당수가 살아남은 죄책감을 덜기 위해 활동에 나선다는 연구도 있다. 결국 돕는 이유는 타인의 고통보다 자신의 고통을 줄이기 위해서다.

사회적 차원에서도 이기심은 이타심이라는 가면을 쓸 수 있다. 고비용 신호이론 costly signaling theory 은 사람들이 위험을 감수하는 영웅적 행동을 통해 '나는 강하고 신뢰할 만한 사람'이라는 메시지를 사회에 보낸다고 설명한다. 즉, 위기 속의 헌신이 장기적으로는 명예, 신뢰, 사회적 지위, 매력을 높이는 전략이 된다는 것이다. 영웅은 존경받고 신뢰받으며 더 많은 기회를 얻는다. 그렇다면 그 영웅적 행동은 정말 순수한가? 아니면 더 큰 보상을 위한 투자인가?

이처럼 인간의 이타성은 결국 이기심의 확장판일 수 있다. 남을 돕는 나를 통해 자신의 가치와 존재감을 확인하는 것이다. 인간의 뇌는 '이타적 행동 = 나의 행복'이라는 회로를 갖고 있기 때문이다.

인간관계를 더 매끄럽게 하기 위한 마인드셋

위기 속에서 인간은 이기적이다. 하지만 동시에 이타적이라는 증거도 있다. 만인의 만인에 대한 투쟁과 본능적 협력은 모두 인간 안에 동시에 존재한다. 이 두 힘은 서로 공존하는 것이 사실이다. 상황에 따라, 관계에 따라, 문화와 환경에 따라 어느 쪽이 드러나느냐가 다를 뿐이다.

위기는 그 균형추를 눈에 보이게 해주는 순간이다. 어떤 사람은 이기심으로 자신을 지키고, 어떤 사람은 이타심으로 공동체를 지킨다. 그러나 그 둘 다 생존을 위한 선택이라는 점에서 결국 인간은 합리적으로 이기적인 존재다.

즉, 인간의 선은 진화한 이기심의 형태이고 인간의 악은 억눌리지 않은 본능의 표면이다. 우리는 이기심 덕분에 살아남았고 이타심 덕분에 함께 살아왔다. 결국 인간이란 자신의 이익을 위해 협력하는 존재다.

그러므로 인간은 결국 이기적인 존재임을 인정하는 데서 출발해야 한다. 이 사실을 부정하면 인간을 이해할 수 없다. 우리가 인간관계를 망치는 이유 중 대부분은 사람을 선하다고 전제하기 때문이다. "사람은 다 좋은 의도를 갖고 있을 거야", "도와주면 언젠가는 돌아올 거야." 하지만 현실은 그렇지 않다. 사람은 본능적으로 자신에게 유리한 쪽으로 움직인다. 도덕과 감정이 아닌 이해득실의 저울로 판단한다.

이 냉정한 전제를 받아들이면 비로소 인간관계의 심리가 보이기 시작한다. 이기심을 인정하면 사람을 미워하지 않게 된다. 상대가 나를 이용하려 해도 그건 그 사람의 생존 전략일 뿐이다. 도덕이 아니라 본능으로 이해하면 감정의 소모가 줄고 상대의 행동이 예측 가능해진다.

심리학은 바로 그 예측의 학문이다. '왜 저 사람은 저렇게 말했을까?'를 도덕의 잣대가 아니라 생존 본능의 언어로 해석할 때, 인간관계는 훨씬 단순해진다.

또한 이기심을 이해하면 설득과 영향력의 구조도 보인다. 사람은 이타심이 아니라 자기 이익의 언어에 반응한다. 도움을 부탁할 때 "이게 옳으니까"가 아니라 "이게 당신에게도 이득이니까"라고 말할 줄 알아야 한다.

관계의 심리는 윤리의 영역이 아니라 교환의 영역이다. 주고받음이 명확할수록, 인간관계는 오히려 건강해진다. 이기심을 부정하는 사람은 늘 실망한다. "내가 이렇게까지 했는데 왜?" 반면, 이기심을 이해한 사람은 실망하지 않는다. "그 사람은 자신의 이익을 지킨 거야." 이 차이가 인간관계의 내구성을 만든다.

결국 인간관계의 기술이란, 타인이 자연스레 이기심을 갖는 존재임을 인정하고 이를 나에게 유리하게 활용하는 방법이다. 심리학은 그 설계도를 제공한다. 인간의 본성을 인정할 때 인간을 움직이는 법이 보인다. 도덕이 아니라 본능, 감정이 아니라 구조로 사람을 이해할 때 우리는 상처받지 않으면서도 영향력을 가질 수 있다.

사람을 미워하지 않는 기본은
그들이 이기적임을 인정하는 것이다.

2장
인간관계는
결국 이익 교환이다

주고받아야 관계가 유지된다

앞 장에서 우리는 인간이 본질적으로 이기적인 존재라는 사실을 확인했다. 최소한 인간이 이기적이라고 믿어야 남을 미워하지 않고 나에게 유용한 관계를 맺을 수 있다는 사실은 확인했을 것이다.

위기 속에서 드러나는 본능은 언제나 "나부터 살아야 한다"는 생존의 계산이었다. 그렇다면 그 본성이 일상에서는 어떻게 작동할까? 결론부터 말하자면, 모든 인간관계는 이익의 교환 구조 위에 세워져 있다.

사람들은 감정으로 관계를 시작하지만 관계가 유지되는 이유는 언제나 서로가 얻는 것이 있기 때문이다. 친구, 연인,

동료, 가족까지 예외가 없다. 한쪽이 지속적으로 손해를 보거나, 더 이상 얻을 게 없다고 느끼는 순간 관계는 균열이 생긴다. 싸워서가 아니라 단순히 균형이 깨졌기 때문이다.

단적으로 부모와 자식 관계도 그렇다. 무조건적 사랑이라고 믿겠지만 부모는 자식에게서 의미를 얻는다. 존재 이유, 자존감, 노후 등을 얻는다. 자식은 부모에게서 생존을 얻으며 안전을 얻고 경제적 지원을 얻는다. 교환이다.

조지 호먼스의 사회 교환 이론 social exchange theory 은 인간관계를 경제적 거래처럼 보는 흥미로운 시각에서 출발한다. 호먼스는 인간의 모든 사회적 행동이 '이익과 손해의 계산' 위에 세워져 있다고 보았다.

우리는 타인과의 관계에서 늘 보상과 비용을 저울질한다. 보상이 크면 관계는 유지되고, 비용이 커지면 관계는 끊긴다. 이런 계산은 의식적일 수도, 무의식적일 수도 있다. "그 사람과 있으면 기분이 좋아서", "도움이 되니까"라는 이유도 결국 보상과 비용의 언어로 해석된다.

이 이론의 근거는 행동주의 심리학이다. 호먼스는 B.F. 스키너의 조건화 원리를 인간관계에 적용했다. 즉, 보상이 따르는 행동은 반복되고 손해가 따르는 행동은 회피된다.

우리가 누군가에게 자주 웃는 이유는 그 미소가 관계를 좋게 만든다는 보상을 이미 경험했기 때문이다.

반대로 냉소나 비난이 관계를 악화시킨다면, 우리는 그런 행동을 줄인다. 결국 인간관계는 시장과 작동방식이 완전히 같다. 서로가 주고받는 감정, 관심, 인정이 일종의 화폐처럼 오간다.

호먼스는 인간이 "이익을 최대화하고 손실을 최소화하려는 존재"라고 말했다. 그가 말한 원칙은 단순하지만 인간관계를 정확히 설명한다. 친구 관계도, 연애도, 직장 내 인간관계도 예외가 없다. 상대가 나에게 주는 보상이 더 크다고 느낄 때 관계는 유지되고 비용이 더 크다고 느낄 때 관계는 멀어진다.

다만 인간관계는 일종의 거래이지만 그 계산이 항상 돈이나 물질로 이루어지지만은 않는다. 때로는 인정, 존중, 관심 같은 눈에 보이지 않는 '보상'이 훨씬 더 큰 가치를 지닌다. 이 단순한 진리를 이해하면 인간관계의 흐름이 한결 명확해진다.

뇌는 모든 것을 계산한다

인간의 뇌 구조가 이를 입증한다. 사회심리학과 신경경제학의 연구에 따르면 사람은 사회적 상호작용을 할 때도 보상 회로, 즉 돈을 계산할 때와 같은 뇌의 부위를 활성화시킨다. 누군가에게 도움을 줄 때 뇌는 '투자'를 기록하고 상대가 돌려주지 않으면 불쾌감과 고통을 느낀다.

한편 듀크대학교 연구자들의 또 다른 연구에 따르면 타인이 내 호의에 응답하지 않았을 때 전방 대상피질이 활성화된다고 한다. 이 영역은 육체적 통증을 처리할 때 작동하는 부위다. 다시 말해, 주고받는 관계가 깨지면 실제로 아프고 통증을 느낀다는 것이다. 인간은 도덕적으로 공정해야 한다고 배워서 그런 것이 아니라 신경생리적으로 불공정에 민감하도록 프로그래밍되어 있다.

이처럼 우리의 뇌는 관계마다 장부를 쓴다. 내가 준 것, 받은 것, 그리고 아직 받지 못한 것. 우리는 그 장부를 의식하지 못하지만, 무의식적으로 끊임없이 기록한다. 친구가 밥을 사면 다음엔 내가 사야 할 것 같은 마음이 생기고 상대가 도와줬는데 내가 보답하지 못하면 미안하고 불편하다. 반대로 내가 계속 주기만 하면 지치고 상대가 받기만 하면 빚진 듯 불안하다.

관계는 결국 균형을 추구하는 심리적 회계 시스템이다. 공정함이 깨지면 신뢰가 흔들리고 신뢰가 흔들리면 관계는 금세 식어버린다.

이익이 사라지면 관계도 사라진다

한때 가까웠던 사람이 멀어지고 사이가 소원했던 사람이 가까워진다. 이렇듯 인간관계가 변하는 이유는 배신이나 다툼 때문이 아니라 대부분 교환의 효율성이 달라졌기 때문이다. 학창 시절 매일 붙어 다니던 친구와 지금 연락이 끊긴 이유도 단순하다. 예전에는 함께 놀고, 정보를 공유하고 감정을 나누며 서로에게 이익이 있었다. 그러나 졸업 후 환경이 달라지면 교환할 것이 줄어든다.

같은 회사를 다니는 중에는 직장 동료와 친하다. 매일 맞부딪히고 식사하며 술자리를 함께한다. 친구처럼도 느껴질 것이다. 그러나 한쪽이 퇴사하면 이 관계는 금방 끝나고 만다. 업무 정보, 회사 네트워크, 동료애, 업무 고민 상담, 상사에 대한 고충 토로 등 여러 가지 것들이 필요 없어졌거나 할 수 없게 되었다. 교환할 게 사라진 것이다. 만약에 이직한 동료가 다시 연락이 온다면 이것은 순수한 그리움이 아닐 확률이 높다. 필요가 생긴 것이다. 정보가 필요하거나 추천이 필요하거나 네트워크가 필요하다.

서로의 시간, 관심사, 삶의 궤적이 달라지면, 얻을 게 적어진 관계는 자연스럽게 소멸한다. 그것은 냉정한 일이 아니라, 생태계의 순환처럼 자연스러운 일이다. 억지로 붙잡는 관계보다, 새로운 교환 구조와 관계를 찾아가는 쪽이 더 건강하다.

이 원리는 사랑에도 똑같이 적용된다. 사랑은 계산 없는 감정이라고 믿고 싶지만, 실제로는 가장 정교한 교환 구조일 수도 있다. 우리는 상대에게서 행복, 안정, 즐거움, 성적 만족, 사회적 지위, 감정적 지지를 얻는다. 그리고 동시에 상대에게 무언가를 준다.

심리학자 러스벌트는 우리가 왜 어떤 관계에 머무르고, 또 왜 떠나는지를 설명하기 위해 헌신의 투자 모델 investment model of commitment이라는 이론을 제시했다. 이 모델에 따르면 한 사람이 관계에 헌신하는 정도는 세 가지 요인으로 결정된다.

첫째, 그 관계가 얼마나 만족스러운가이다. 즉, 관계를 통해 얻는 보상이 비용보다 큰가. 둘째, 현재 관계를 떠났을 때 만날 수 있는 다른 대안이 얼마나 매력적인가. 다른 사람 혹은 혼자 지내는 삶이 더 나을 수 있다고 느끼면 헌신은 약해진다. 셋째, 지금까지 관계에 얼마나 많이 투자했는가. 함께한 시간, 쏟은 노력, 쌓인 추억이나 공동의 인간관계 등이다.

이 세 가지는 서로 얽혀 작용한다. 만족이 높고 대안의 유혹이 적으며 이미 많은 것을 투자했다면 우리는 쉽게 관계를 포기하지 못한다. 반대로 만족이 떨어지고 대안이 매력적으로 보이거나 투자한 것이 적을수록 관계는 쉽게 흔들린다.

이 단순한 공식을 알면 감정의 흐름이 조금 더 선명해진다. 사랑이 식는 것도 이유 없이 갑자기 식는 것이 아니라 보상, 대안, 투자의 균형이 달라질 때 서서히 생각이 변하는 구조임을 알 수 있다.

계속해서 적자를 보는 관계는 결국 깨지게 되어 있다. 이것이 바로 인간관계의 본질이다.

모든 호의에는 가격표가 있다

우리는 누군가의 호의를 받을 때 그것을 순수한 마음으로 받아들이고 싶어 한다. 왜냐하면 당장 상대가 이익을 얻을 것이 없어보이기 때문이다. 친구가 돈을 빌려주거나, 동료가 업무를 도와주거나, 선배가 조언을 해주면 돌려받는 것도 없는데 도와줘서 참 고마운 일이라 생각하지만 심리학적으로 보면 모든 호의에는 가격표가 붙어 있다. 물론 그것은 돈의 단위가 아니라 기대라는 형태로 표시된다. 상대는 언젠가 당신이 비슷한 방식으로 돌려줄 거라고 생각한다. 그게 바로 인간관계의 보이지 않는 계약이다.

사회심리학자 로버트 치알디니는 이를 호혜성의 원칙이라 불렀다. 사람은 받은 만큼 돌려줘야 한다는 강력한 본능을 가지고 있다. 누군가에게 도움을 받으면 우리 뇌는 자동으로 빚을 기록하고 그것을 갚지 않으면 불편함과 죄책감을 느낀다. 마트의 시식 코너가 효과적인 이유도 이 때문이다. 공짜로 받은 음식 한 입이 구매로 이어지는 것은 단순한 마케팅이 아니라 심리적 부채가 작동한 결과다. 비즈니스 관계에서도 마찬가지다. 기업이 고객에게 무료 샘플이나 특별 혜택을 제공하는 이유는 신뢰를 쌓기 위함이 아니라 되갚아야 한다는 감정적 압박을 만들어내기 위해서다. 이처럼 호의는 사회를 유지시키는 접착제이지만 동시에 교환의 회로를 작동시키는 기폭제이기도 하다.

결국 인간관계는 주고받음의 연쇄 속에서 굴러간다. 누군가의 친절은 투자이며, 언젠가 회수될 자산이다. 이를 부정적으로 볼 필요는 없다. 오히려 이 원리를 인정해야만 우리는 인간관계의 흐름을 훨씬 더 명확하게 읽을 수 있다. 호의를 받았다면 어떻게 갚을지 생각하라. 호의를 베풀었다면 돌려받지 못해도 괜찮을 만큼만 베풀라. 그렇게 하면 관계의 장부는 건강하게 유지된다. 호혜의 원리, 즉 가는 것이 있어야 오는 것도 있다는 점을 이해하는 사람만이 이용당하지 않으면서도 신뢰받는 관계를 만든다.

관계의 가격은 시장이 결정한다

인간관계에도 시장이 있다. 그리고 그 시장은 언제나 수요와

공급의 법칙으로 움직인다. 한 사람의 가치는 고정되어 있지 않다. 시대와 환경, 역할과 상황에 따라 오르기도 하고 내리기도 한다. 젊을 때 친구가 많았던 이유는 시간이 많고, 에너지가 넘치며, 유연했기 때문이다. 하지만 나이가 들수록 시간은 줄고 피로는 쌓이며 고집이 생긴다. 자연스럽게 교환 가치가 낮아진다. 관계의 시장에서 거래 비용이 높아진 셈이다.

외모가 좋거나 유머 감각이 뛰어난 사람, 사회적 지위나 경제력이 높은 사람에게 사람들이 쉽게 다가가는 것도 같은 원리다. 그들과의 관계에서 얻을 것이 많기 때문이다. 반대로 눈에 띄는 자원이 적다면 다른 형태의 가치를 더 많이 제공해야 한다. 성실함, 신뢰, 전문성, 따뜻한 감정이 그 대체 자산이 된다. 결국 인간관계란 각자가 가진 교환 자원의 포트폴리오로 이루어지는 시장이다.

돈이 많으면 친구가 늘고 돈이 사라지면 사람도 줄어든다. 냉정하지만 이것은 인간의 악의가 아니라 교환 효율의 변화일 뿐이다. 지위가 높을 때 사람들이 더 친절한 이유도 그 관계에서 얻게 될 보상이 크기 때문이다. 같은 사람인데도 대우가 달라지는 것은 바로 이 시장 평가가 바뀌었기 때문이다.

미시간대 사회학 연구에서도 소득이 높거나 지위가 높은 사람일수록 더 넓은 사회적 네트워크를 유지한다는 결과가 나왔다. 사람들은 본능적으로 더 많은 보상이 기대되는 곳에 연결을 만든다.

이 사실을 인정하는 건 비관이 아니라 현실 감각이다. 우리는 누구나 한정된 자원을 가지고 관계를 맺는다. 그렇다면 중요한 것은 불평이 아니라 나의 시장 가치를 어떻게 설계하느냐다.

돈이든 신뢰든 능력이든 나의 자산을 키워야 좋은 사람과의 교환이 가능하다. 인간관계를 시장으로 본다는 건 속물이 되는 게 아니라, 스스로의 가치를 객관적으로 관리하는 태도다. 관계의 시장은 냉정하지만 그 속에서도 전략적으로 움직이는 사람만이 오래 살아남는다.

인간관계의 진실을 외면해서는 안 된다

이 진실은 때로 불편하고 차갑게 느껴진다. 비인간적이라고까지 느낄지도 모른다. 그러나 부정한다고 사라지지 않는다. 뇌는 늘 장부를 쓰고 관계의 시장은 끊임없이 평가한다. 모든 관계는 교환 위에서 움직인다. 이 사실을 받아들이는 순간, 사람을 덜 미워하게 된다. 상대의 선택을 악의로 해석하기보다 "저 사람의 손익표가 그렇게 계산됐구나"라고 이해하게 된다. 그때부터 관계는 감정 싸움이 아니라 설계의 문제가 된다.

그러니 차라리 받아들여라. 솔직해져라. 모든 관계는 교환이다. 인정하면 더 현명하게 감정 소모 없이 대응할 수 있다. 받은 호의는 투자다. 언제, 무엇으로 상환할지를 미리 정하라. 감당 못할 빚은 애초에 받지 말자. 반대로 내가 베푼 호의는 구체적으로 회수를 요청하라. "언젠가"가 아니라 "이번 주 수요일 2시"처럼. 불편한 관계는 장부를 열어 주는 것과 받는 것을 점검하라.

주고받는 관계가 불균형을 나타내면 해야 할 일은 사실 간단하다. 관계에 있어서 주고받을 것의 기한과 보상을 명시하고 서로의 역할과 따라야 할 규칙을 알려주며 마지막은 조용한 거리 두기로 관계를 종료해야만 한다. 질질 끌수록 돌려받아야 할 비용은 눈덩이처럼 커지지만 그럴수록 더 되돌려받기 어려워진다.

이기적으로 들릴 수 있다. 맞다. 우리는 모두 이기적이다. 차이는 인정하느냐, 모른 척하느냐. 인정하는 사람은 더 솔직하고 더 효율적이며 덜 상처받는다. 이제부터는 도덕의 막연함이 아니라 교환의 투명성으로 관계를 운영하라. 나와 너 모두 이익이 되는 방식을 찾는 태도, 이것이 현실에서 오래가는 관계의 유일한 미덕이다.

그래도 관계는 가치 있다

모든 관계가 교환이라고 해서 초라해지는 건 아니다. 오히려 그렇기 때문에 더 의미 있다. 상대는 당신에게서만 얻을 수 있는 것을 보기 때문에 수많은 선택지 가운데 당신을 선택한다. 친구는 다른 이들에게서도 재미와 위로를 얻을 수 있지만 굳이 당신과 시간을 쓴다. 연인은 다른 삶이 가능함을 알면서도 매일의 행복과 안정, 성장의 파트너로 당신을 고른다. 동료 또한 도움을 받을 곳이 많지만 일을 맡길 때 떠올리는 이름이 당신이라면 그건 신뢰와 예측 가능성, 함께할 때 성과가 난다는 교환의 품질을 인정받았다는 뜻이다. 교환의 원리를 알면 관계가 깨지는 게 아니라 누가 공정하게 선택하고 있는지가 더 선명해진다.

그래서 우리는 피해자가 아니라 선택하는 사람이 된다. 누구와 교환할지, 무엇을 줄지, 무엇을 받을지 주도권을 쥘 수 있다. 나의 가치를 준비하고 주고받음을 투명하게 설계하며 불균형에는 침묵하지 않는다면 관계는 더 공정해지고 우리는 더 존중받는 방식으로 연결된다. 냉정한 진실을 받아들이면 감정 소모가 줄고 착취는 줄며 선택의 기쁨은 남는다. 결국 관계의 가치는 무조건성에서 오지 않는다. 서로가 서로를 계속 선택하는 자유에서 온다.

모든 인간관계는 거래이고 교환이라는 진실을 이제 받아들이자. 그리고 더 훌륭한 거래, 더 좋은 교환을 하자. 이제 당신은 덜 착취당하고 더 존중받게 될 것이다.

주고받는 건강한 인간관계를 만드는 길은 바로 인간관계가 교환과 거래라는 사실을 인정하는 데서 출발한다.

《 2부 》

호감 가는
나를 만드는 기술

"내가 무엇을 줄 수 있는지 생각하면
호감은 자연히 따라온다"

1장
상대가 나를 좋아하게 만드는 방법

호감은 만들어낼 수 있다

 사람들은 호감을 우연이라고 생각한다. 그래서 더 중요한 정보로 생각하는 경향이 있다. 애써 노력해서 맞춰나갈 수 있는 것이 아니라고 생각하기 때문이다. "그 사람이랑은 그냥 잘 맞아", "왠지 모르게 끌려", "처음 봤는데 편했어."

 그러나 호감은 우연이 아니며 화학 반응도 아니다. 뇌의 패턴 인식 시스템이다. 심리학자들의 연구에 의하면 호감은 특정 신호들에 대한 반응이다. 그 신호를 보내면 상대의 뇌는 자동으로 반응한다. "이 사람 좋은데?" 의식적으로 생각하지 않고 그냥 느낀다.

 당신이 할 일은 그 신호를 보내는 것이다. 정치 전략가들은 안다. 대선 토론을 준비하는 선거 캠프는 국민에게 보내는 메시지와 각종 정책 공약을 준비하지만 여기서 그치지 않는다. 그들은 말투, 표정, 제스처, 옷 스타일, 심지어 염색할 머리 색상에 넥타이 디자인까지 빠짐 없이 계산한다. 호감은 만들 수 있다는 것을 알기 때문이다. 사람들이 '왠지 모르게' 좋아하게 만들 수 있으니까.

오늘부터는 당신도 상대가 당신을 좋아하게 만들 것이다. 우연처럼 보이게.

이름을 반복해서 불러라

사람의 이름은 단순한 호칭이 아니라 뇌가 특별하게 반응하는 개인적 보상 신호다. 2006년 미국 심리학자 데니스 카모디와 마이클 루이스는 피실험자들이 자신의 이름과 다른 사람의 이름을 들을 때의 뇌 활동을 기능성 자기공명영상(fMRI)으로 측정했다. 그 결과, 자신의 이름을 들을 때는 전두엽과 측두엽 등 자기 인식과 감정 처리에 관여하는 영역이 훨씬 더 강하게 활성화되었다.

이 영역들은 자기 자신과 관련된 긍정적 자극이 주어졌을 때 함께 반응하는 신경 네트워크다. 자신의 이름을 들은 뇌는 "이건 나와 관련된 중요한 신호야"라고 판단하며 기분 좋은 자극으로 받아들이는 것이다. 이런 이유로 신경과학자들은 자신의 이름은 뇌에게 작은 보상으로 작용한다고 설명한다. 돈을 받는 것처럼 쾌감의 회로를 자극하여 보상받는 듯한 즐거움을 느낀다는 것이다.

때문에 대화 시작할 때 한 번, 끝날 때 한 번, 이렇게만 상대방의 이름을 부른다면 좋은 기회를 낭비하는 것이다. 이름을 자주 불러야 한다. 대화 중간중간에 "지수 님 말대로", "지수 님 생각에는", "지수 님이 그랬잖아요" 이런 식으로 이름을 활용해라. 한 번 대화에서 서너 번은 불러보라. 과하지 않으면서도 충분히 효과가 있는 빈도다. 상대는 의식하지 못하지만 상대의 뇌는 반응한다. '이 사람은 나한테 관심 있구나', '나를 중요하게 생각하는구나' 하고 느낀다. 아주 약간의 노력으로 호감이 올라간다.

단, 억지로 끼워넣으면 이상하다. 자연스러운 타이밍에 불러야 한다. "그건 제 생각에는요"보다 "그건 준민 님 의견으론 어때요?"가 자연스럽다. 흐름을 끊지 않으면서 이름을 넣는 연습을 하라. 그리고 이름을 정확하게 불러야 한다. 틀리면 역효과다. 확실하지 않으면 확인해야 하며 한번 들었으면 잊지 않도록 주의해야 한다.

3초 더 눈을 봐라

아이컨택 시간이 길수록 호감도가 높아진다. 단 몇 초 차이로도 상대방의 인상이 크게 달라진다. 최근의 심리학과 신경과학 연구들은 아이컨택이 실제로 호감과 매력의 형성에 깊이 관여한다는 사실을 과학적으로 보여준다.

소개할 첫 번째 연구는 스피드 데이팅 실험으로 진행됐다. 연구팀은 남녀 참가자들이 5분간 대화하는 동안 듀얼 아이 트래킹 장치로 서로의 시선이 얼마나 자주, 얼마나 오래 마주쳤는지를 정밀하게 기록했다. 그 결과는 명확했다. 서로 눈을 자주 마주친 사람일수록 이후 다시 만나고 싶다고 선택할 확률이 높았다. 특히 내가 상대를 본 시간보다 상대가 나를 본 시간이 더 큰 영향을 미쳤다. 즉, 누군가의 시선을 받는 경험 자체가 호감을 키운다는 것이다. 눈맞춤은 단순한 시각적 접촉이 아니라 상대가 나를 선택하고 있다는 강력한 신호다.

다른 연구는 아이컨택이 정서 반응에 미치는 생리적 효과를 분석했다. 실험 결과, 눈을 직접 마주칠 때 사람들의 심장 박동과 피부 전도 반응이 높아졌다. 즉, 아이컨택은 무의식적으로 감정의 각성을 유발하고 뇌가 이 상황은 중요하다고 판단하게 만든다. 연구자들은 이 현상을 아이컨택이 본능적으로 긍정적인 감정을 동반한 자극으로 작용한다고 해석했다.

결국 눈을 마주치는 행위는 단순한 시선 교환이 아니다. 그것은 나는 너를 보고 있다는 메시지이자, 관계의 시작을 알리는 가장 오래된 언어다. 몇 초의 시선이 대화보다 깊은 인상을 남기는 이유가 여기에 있다.

그러나 사람들은 대부분 눈을 잘 보지 않는다. 불편하고 어색해서다. 상대가 말할 때는 보는데 본인이 말할 때는 피한다. 이런 대화는 반쪽짜리다. 당신이 말할 때도 상대의 눈을 봐라. 특히 중요한 말을 하고 진지한 질문을 던질 때, 의견을 이야기할 때에는 눈을 보면 신뢰를 높일 수 있다.

단, 째려보아서는 안 된다. 부드러우면서도 관심 있다는 표정으로 미소를 살짝 섞어라. 차가운 눈빛은 호감이 아니라 불편함을 준다. 그리고 5초 이상은 하지 않는 것이 좋다. 너무 오래 바라보면 이상하다. 3-5초가 적당하다. 상대를 바라보고, 잠시 다른 곳으로 시선 처리를 한 다음 다시 바라보라. 이렇게 리듬을 유지하라.

대화 끝날 때에는 한 번 더 눈을 보라. 헤어지기 직전에 미소를 지으면서 상대를 바라보라. 이 마지막 아이컨택이 기억에 남는다. 좋은 인상을 남겼다면 상대는 집에 가서도 그 순간을 떠올린다.

상대의 말을 반복하라

FBI 인질 협상가들이 쓰는 기법으로 미러링 mirroring 이라는 것이 있다. 미러링은 상대의 말투, 표정, 몸짓 등의 행동 패턴을 의도적으로 모방해 친밀감과 신뢰를 인위적으로 조성하는 방법이다. 미러링 가운데 쉽게 응용해 볼 수 있는 방법은 상대가 한 말의 마지막 두세 단어를 그대로 반복하는 것이다.

A: 요즘 일이 너무 많아서 힘들어요.

B: 아, 일이 너무 많으시군요?

이렇게 반복하면 상대는 더 털어놓게 되어 있다. 자기 말을 들어주고 있다고 느끼고 이해받는다고 생각한다. 그래서 더 편하게 털어놓는다.

어떤 점에서 미러링이 효과가 있는 것일까? 상대는 내 입을 통해 자기 말을 다시 듣고 내가 일이 많다고 했구나 하며 다시 확인하게 된다. 그리고 나면 그 말을 더 구체적으로 설명하고 싶어진다. "네, 이번 주만 해도 프로젝트가 세 개나 겹쳤거든요."

이렇듯 미러링에는 대화를 길게 만드는 힘이 있다. 상대가 많이 말할수록 친밀감이 올라간다. 인간은 자기 이야기를 많이 한 사람에게 호감을 느낀다. 역설적이지만 사실이다. 단, 모든 말을 반복하면 이상하다. 중요한 대목에서만 써야 한다. 감정이 담긴 말, 핵심 키워드, 반복되는 주제. 이럴 때 미러링을 해야 한다.

물론 상대가 말한 것과 완전히 똑같은 톤으로 따라해서는 안 된다. 약간 의문형으로, "일이 너무 많으시군요?" 하고 끝을

올려 질문처럼 만들어주어라. 그러면 상대는 알아서 답변 모드로 전환된다.

공통점을 찾아내라

앞서 미러링을 설명하면서 살펴보았듯 사람들은 자기와 비슷한 사람한테 끌린다. 외모, 성격, 가치관, 무엇이든. 하지만 진짜 비슷할 필요는 없다. 비슷해 보이기만 하면 된다.

"저도 그래요", "저도 똑같아요", "정말 공감해요." 이런 말을 자주 써라. 작은 것부터 쌓아올려 공통점을 만들어라. "저도 커피 안 좋아해요", "저도 아침형 인간이에요", "저도 그 영화 봤어요." 진짜 사실이든 아니든, 공통점이 있다고 말하면 상대는 동질감을 느낀다.

협상 연구들도 이 기법의 효과에 주목한다. 하버드 비즈니스 스쿨에서는 협상 전에 미러링을 사용해 단 5분만 사적인 대화를 나눠도 협상의 분위기가 달라져 합의를 쉽게 이끌어낸다는 점을 밝혀냈다. 미러링을 사용하면 상대의 신뢰를 크게 높일 수 있다. 공통점이 신뢰의 기반이 되기 때문이다.

공통점은 대화 초반에 만들어두는 게 편하다. 첫 5분이 적당하다. "저도 부천 출신이에요", "저도 축구 좋아하는데", "저도 그 밴드 알아요." 초반에 공통점을 만들면 이후 대화가 훨씬 부드럽다.

없으면 만들어라. 완전히 거짓말하라는 게 아니다. 살짝 과장하거나 범위를 넓혀라. "저도 운동 좋아해요." 일주일에 한 번만 해도 좋아한다고 말할 수 있다. "저도 독서 좋아해요." 한 달에 한 권 읽어도 즐긴다고 할 수 있다. 조금 신경이 쓰이면, "저도 요즘 독서해보려고 열심히 책 읽는 중이에요" 정도도 괜찮다. 중요한 것은 상대에게 '이 사람 나랑 비슷하네'라는 느낌을 전하는 것이다. 그 느낌이 호감으로 이어진다.

칭찬은 구체적으로 하라

"일 잘하시네요."

이런 칭찬은 낙제점이다. 두루뭉술해서 듣는 순간

잊어버리고 효과가 없다. 칭찬은 구체적일수록 강력하다. 디테일이 살아 있을수록 상대는 진정성을 느낀다. "어제 발표 중에 질문받았을 때 바로 데이터로 대응하신 거, 정말 프로페셔널하더라고요." 이렇게 말하면 상대는 '아, 이 사람이 내 발표를 제대로 봤구나' 하고 생각해, 호감이 올라간다.

칭찬을 잘하는 다른 포인트들도 있다. 먼저 칭찬할 때는 그 사람의 행동보다는 정체성을 칭찬하라. "발표 잘하시네요"보다 "와, 발표를 잘하시는 분이네요"가 낫다. 행동은 일회성이지만 정체성은 그 사람 자체이기 때문에, 정체성을 언급하는 칭찬이 더 기분 좋다.

또 사람들 앞에서 칭찬하는 것이 좋다. 개인적인 칭찬보다 공개적인 칭찬이 다섯 배는 더 강력하다. 그 칭찬을 다른 사람들도 듣는 것을 보며 상대는 자신의 평판이 올라갔다고 생각한다. 그래서 더 감사하게 된다.

단, 호감을 쌓을 목적으로 거짓 칭찬을 해서는 안 된다. 사람들은 무의식적으로 진위를 구별해서 곧 들키기 때문이다. 표정, 목소리 톤, 타이밍. 하나라도 어긋나면 신뢰가 깨진다. 내 마음에서 정말로 인정할 수 있는 부분을 칭찬해야만 한다.

부탁을 하라

벤저민 프랭클린 효과 Benjamin Franklin effect 라는 것이 있다. 부탁을 들어준 사람이 부탁한 사람을 좋아하게 된다는 것으로, 역설적이지만 사실이다.

미국의 저명한 정치가인 벤저민 프랭클린에게는 자신을 공개적으로 비난하던 한 정치적 라이벌이 있었다. 대부분의 사람이라면 맞서 싸우거나 비위를 맞추려 했겠지만 프랭클린은 전혀 다른 방식을 택했다. 그는 상대가 귀한 책을 소장하고 있다는 사실을 알고 정중히 편지를 보내 그 책을 잠시 빌려줄 수 있겠느냐고 물었다. 뜻밖의 부탁에 놀란 상대는 자신의 안목이 인정받은 듯한 기분을 느끼며 책을 흔쾌히 빌려주었다. 며칠 뒤 프랭클린은 감사 편지와 함께 책을 돌려보냈고 이후 두 사람의 관계는 놀랍게도 우호적으로 바뀌었다. 프랭클린은 이 경험을 통해 "누군가에게 호의를 베푼 사람은, 오히려 그 사람을 더 좋아하게 된다"는 인간 심리의 역설을 깨달았다고 한다.

심리학에서는 이를 인지 부조화 cognitive dissonance 라는 용어로 설명한다. 사람은 자신의 행동과 감정이 불일치할 때 불편함을 느끼기 때문에, 행동에 맞춰 감정을 바꾸려는 경향이 있다. 즉, '내가 저 사람에게 친절을 베풀었으니, 사실은 그를 싫어하지 않는 거야'라고 스스로 설득하게 되는 것이다.

이처럼 프랭클린 효과는 상대에게 호의를 베풀게 함으로써 오히려 상대의 마음을 얻는 심리 전략이다. 누군가에게 부탁을 하는 것이 오히려 관계를 개선할 수 있다는 인간관계의 역설적이지만 강력한 진실을 보여준다.

작은 부탁을 해보자. 부탁이 크면 부담스럽다. 책 추천해달라, 맛집 알려달라, 파일 하나 보내달라, 상대와의 관계까지 고려해 작은 부탁을 해보라. 보통은 이 정도면 거절하기 어렵다. 상대는 부탁을 들어주고 당신을 좀 더 호의적으로 보게 된다.

부탁 후에는 감사를 표현해야 한다. "덕분에 큰 도움 됐어요", "정말 고마워요." 상대는 자기가 도움이 됐다는 느낌을 받고 기분 좋아한다. 당신과의 관계에서 긍정적인 기억이 늘어난다. 그리고 나중에 보답을 해야 한다. 상대도 부탁을 해올 것이다. 이때 들어주어야 한다. 주고받는 관계가 되면 친밀감이 올라간다.

단, 너무 자주 부탁해서 귀찮게 만들어서는 안 된다. 한 달에 한두 번 정도가 적당하다. 관계 초기에는 작은 부탁, 관계가 쌓이면 조금 큰 부탁. 이렇게 단계적으로 부탁의 강도를 올리면서 주고받다 보면, 저절로 가까운 사이가 된다.

상대의 관심사에 대해 물어라

사람들은 자기 이야기 하는 것을 좋아하며, 특히 자기가 좋아하는 것에 대해 이야기하고 싶어한다. 하버드대 심리학자 다이애나 타미르와 제이슨 미첼은 우리가 왜 그렇게 자신에 대해 이야기하고 싶어하는지 궁금했다. 사람들은 일상 대화의 30-40 퍼센트를 자기 이야기로 채운다. "오늘 나 진짜 피곤했어" 같은 소소한 말부터, "나는 이런 생각을 해"라는 의견까지.

연구팀은 참가자들이 자신의 생각을 말할 때 뇌에서 어떤 일이 일어나는지를 알아보기 위해 fMRI(기능적 자기공명영상)를 이용했다. 그 결과는 놀라웠다. 자신의 의견이나 감정을 말할 때, 뇌의 보상 중추(측좌핵과

복측피개영역)가 활성화되었다. 이 부위는 돈을 벌거나, 맛있는 음식을 먹을 때, 혹은 사랑하는 사람을 만날 때 활발히 작동하는 영역이다. 즉, 자기 이야기를 하는 것 자체가 뇌에게는 하나의 보상인 셈이다.

연구팀의 실험에서 참가자들은 작은 돈을 포기하면서까지 자기 생각을 말할 기회를 택했다. 이는 내 이야기를 할 수 있다는 사실이 물질적 보상보다 더 큰 만족을 준다는 뜻이다. 연구자들은 이를 "자기 공개는 사회적 쾌감의 원천"이라고 표현했다.

결국 인간은 단순히 소통하기 위해 말하는 것이 아니라, 나를 드러내는 순간에 즐거움을 느낀다. 자기 이야기를 하고 싶어지는 마음은 단순한 습관이 아니라 뇌 깊숙한 곳에서 나오는 보상의 신호다.

그러니 호감을 쌓으려면 말하고 싶어하는 사람을 말하게 해주면 된다. 상대의 관심사를 찾아라. 어렵지 않다. SNS를 보면 단서를 찾을 수 있다. 최근 게시물, 좋아요 누른 글, 태그된 사진. 거기서 힌트를 얻어라.

만났을 때 SNS로 이야기를 물어라. "인스타 보니까 등산 자주 가시던데, 어느 산이 제일 좋았어요?" 상대는 신난다.

자기가 좋아하는 걸 물어봐 주니까 한참 이야기한다. 당신은 그냥 들어주면 된다. 진짜 관심 없어도 관심 있는 척만 하면 된다. 고개 끄덕이고, "오", "그렇구나", "대단한데요"와 같이 장단을 맞춰주면 상대는 기분 좋게 말할 것이다.

대화 끝날 때쯤에 상대는 당신을 좋아하게 된다. 자기 이야기를 편하게 한 사람. 자기 관심사를 존중해준 사람. 그렇게 기억된다.

사람들은 자기 말을 잘 들어준 사람을 대화를 잘하는 사람이라고 평가한다. 역설적이다. 실은 말을 거의 하지 않았기 때문이다. 하지만 사실이다. 듣기가 말하기보다 강력하다.

미소를 먼저 지어라

감정 연구들이 미소의 효과를 측정했다. 미소 짓는 사람을 봤을 때 상대의 뇌에서 옥시토신이 분비된다. 옥시토신은 신뢰 호르몬이며 유대감을 만드는 화학물질이다.

미소는 전염된다. 당신이 웃으면 상대도 웃게 된다. 미러

뉴런 mirror neuron 때문이다. 미러 뉴런은 자신이 어떤 행동을 할 때도 활성화되지만, 다른 사람이 같은 행동을 하는 것을 관찰할 때도 활성화된다. 상대의 뇌는 당신의 표정을 무의식적으로 따라하게 되어 있다.

만나자마자 미소 지어라. 인사할 때, 눈 마주칠 때, 대화 시작할 때. 밝게, 진심으로. 억지 미소는 들킨다. 억지 미소는 입만 웃고 진짜 미소는 눈까지 웃는다는 점을 기억해야 한다.

대화 중간에도 미소를 유지하라. 진지한 얘기할 때는 줄이고, 가벼운 대화에서는 자주. 리듬을 맞춰라. 헤어질 때 마지막으로 한 번 더 미소 지어라. 손 흔들면서. 이 마지막 미소가 기억에 남는다. 상대는 기분 좋은 만남이었다고 기억한다.

미소 짓기에는 비용이 안 들지만 효과는 강력하다. 보는 사람의 호감도를 높이며, 접근하기 쉽게 만들어 주고 친절한 느낌과 신뢰감을 전달한다. 단, 상황과 맞지 않는 미소는 불편하다. 상대가 진지한 얘기를 하는데 계속 웃고 누군가가 질책당하고 있는데 미소를 짓는다면 역효과다. TPO 시간, 장소, 상황를 맞춰야만 한다.

호감은 축적된다

한 번 만나서 상대에게 이 모든 기술을 다 발휘할 필요는 없다. 호감은 누적되기 때문이다.

첫 만남에서는 이름 부르기와 미소 짓기에 집중하라. 다음 만남에서는 눈 마주치기와 미러링을 더하고 그다음에는 칭찬과 부탁을 더해보라. 급하게 모든 걸 하면 이상하며 자연스럽게 조금씩 늘려가야만 한다.

그리고 무엇보다 일관성을 유지해야 한다. 처음 만났을 때만 잘하고 나중에 무성의하면 역효과다. 계속 같은 수준으로 대해야만 신뢰가 쌓인다. 일관성이 없는 사람에게는 의심과 배신감이 들 수 있다. 꾸준함이 호감을 만든다는 점을 기억하라.

당신이 이 기술들을 자연스럽게 사용하면 상대는 알아차리지 못한다. 왠지 모르게 편하고 다음에 또 보고 싶다는 생각이 당신이 목표로 삼아야 하는 반응이다. 좋은 사람처럼, 또는 서로 잘 맞는 사람으로 보이는 것이다.

호감에는 이유가 있고, 설계할 수 있다.

실전 활용 사례: 상대에게 호감 사기

동료 관계 – 새로 함께 일하게 된 사람에게 호감을 얻는 법

상황 처음 만난 자리, 어색한 공기 속에서 빨리 가까워지고 싶다.
첫인상은 우연에 맡겨서는 안 된다.

전략 적용

- ☐ 대화 5분 안에 공통점을 만들어라.

    "저도 그 영화 봤어요." "저도 그 브랜드 좋아해요."

    상대는 당신을 처음 본 사람이 아니라, 이미 아는 사람처럼 느낀다.

- ☐ 상대의 관심사를 묻고 듣는 태도를 보여라.

    "최근에 어디 다녀오셨어요?"

    좋은 대화는 경청하는 자세와 대화의 리듬으로 기억된다.

- ☐ 이름을 부르며 칭찬으로 마무리하라.

    "지현 님은 말할 때 분위기가 편해서 좋아요."

호감은 우연한 반응이 아니라,
설계된 반응이다.

2장

적을 내 편으로 만드는 방법

적은 자산이다

당신을 싫어하는 사람은 어디에나 있을 수 있다. 어디서든 나를 불편하게 하는 사람은 있다. 직장에서는 당신을 견제하는 동료, 학부모 모임에는 은근히 경쟁 의식을 드러내는 사람, 동호회에서 말꼬리를 잡는 사람, 친구 모임에서 농담처럼 비꼬는 사람 등 온갖 사람이 있다. 관계는 단순하지 않으며 늘 감정이 얽혀 있다. 문제는 이들을 피할 수 없다는 것이다.

사람들은 대부분 이런 사람들을 피하고 최소한으로 접촉하며 그 사람과의 관계를 포기한다. 그러나 이것은 하나의 기회를 버리는 것이다. 적을 내 편으로 만드는 게 낯선 사람을 내 편으로 만드는 것보다 강력하다.

미국의 사회심리학자 레온 페스팅거가 밝혀낸 인지부조화 이론 cognitive dissonance theory이 있다. 사람들은 자기 태도와 행동이 모순될 때 극심한 불편함을 느낀다. 그 불편함을 해소하려고 태도를 바꾼다.

당신을 싫어하던 사람이 당신을 돕게 되면 인지부조화가 발생한다. '내가 싫어하는 사람을 왜 도와?' 뇌는 이 모순을 견디지 못한다. 그래서 이렇게 태도를 바꾼다. '아마 그렇게 나쁜 사람은 아닌가봐.'

한 번 태도가 바뀌면 강력하다. 적에서 편으로 전환된 사람은 충성도가 높다. 처음부터 편이었던 사람보다 더 강하게 지지한다. 왜? 자기 태도 변화를 정당화해야 하니까.

오늘부터 당신의 적을 전향시킬 것이다. 피하지 말고 공략해보자.

먼저 부탁하라

앞서 벤저민 프랭클린 효과와 프랭클린의 사례를 소개했다.

이번에는 링컨의 사례를 살펴보자. 남북전쟁 당시, 미국의 16대 대통령 에이브러햄 링컨은 자신을 맹렬히 비난하던 정적 에드윈 스탠턴에게 국방부 장관이라는 핵심 보직을 맡겼다. 스탠턴은 링컨을 향해 공개적으로 "촌뜨기", "시골 변호사"라며 무시하고 경멸했으며, 링컨이 대통령 선거에서 패배하기를 바랐던 인물이었다.

링컨이 스탠턴을 임명했을 때 스탠턴은 링컨을 멸시한다는 인지와 링컨의 정부를 위해 충성스럽게 일해야 하는 행동 사이에서 극심한 인지부조화를 겪게 된다. '나는 링컨을 경멸하는데, 왜 나는 이 나라와 그의 정부를 위해 밤낮없이 일하고 있는가?'라는 심리적 갈등이 발생한 것이다.

스탠턴은 결국 후자를 선택했다. 그는 자신의 엄청난 노고와 헌신적인 행동을 정당화하기 위해 '내가 이렇게 열심히 일하는 것은 링컨 대통령이 그만한 가치가 있기 때문이다'라고 스스로 결론 내렸다. 결과적으로 스탠턴은 남북전쟁 승리의 1등 공신이 되었으며 링컨의 가장 충성스럽고 신뢰하는 동료이자 친구로 변모했다. 링컨 사후에는 "이곳에 세상의 가장 완벽한 통치자가 잠들어 있다"며 깊은 존경을 표하기도 했다.

부탁을 들어준 사람이 부탁한 사람을 좋아하게 된다는 역설적이지만 검증된 심리 패턴이다. 다만 프랭클린의 사례는 작은 부탁이었던 반면, 링컨의 사례는 커다란 부탁이었다. 아쉽게도 링컨과 같이 국방부 장관이라는 배포 큰 부탁을 할 수 없다면 프랭클린과 같은 방법이 효과적이다.

당신을 싫어하는 사람한테 작은 부탁을 하라. 거절하기 어려운 수준으로. 그저 정보를 묻는 것으로도 충분하다. "지난번에 말씀하신 카페 이름이 뭐였죠? 친구가 한번 가보고 싶다고 해서요." 거절하면 본인이 소심해 보이고 바로 앞에서 거절할 만한 일도 아니니 들어준다. 그 순간 균열이 생긴다. '내가 왜 저 사람 도와줬지?' 태도가 조금 바뀌게 될 것이다.

며칠 후 다시 부탁하라. 조금 더 큰 것을 부탁하면 이미 한 번 도와줬으므로 일관성을 유지하고 싶어 도와준다. 태도가 더 부드럽게 바뀌며 세 번 정도 반복하면 관계가 전환되어 적이 아니게 된다. 최소한 중립이 되고 운이 좋으면 편이 된다.

이때 이런 식으로 부탁하면 더 좋다. "당신 전문 분야니까 조언을 구하고 싶습니다." 사람들은 자기 전문성을 인정받고 싶어하며, 당신을 싫어하는 사람도 마찬가지다. 상대가 잘하는 분야에서 도움을 청하라.

공통의 적을 만들어라

사람들은 공통의 적 앞에서 뭉친다. 한 연구는 "외부의 적이 있을 때 사람들은 더 잘 협력한다"라는 오래된 가설을 실제로 검증했다. 심리학자 피터 바클리와 스티븐 버나드는 참가자들을 팀을 이루도록 했다. 각 참가자는 일정 금액을 받고, 그중 일부를 그룹 자금에 기부할 수 있다. 이 돈은 나중에 두 배로 불어나 팀원 전원에게 균등하게 분배된다. 즉, 모두가 기부하면 함께 이득을 보지만 혼자만 돈을 남기면 개인은 더 큰 이익을 얻는다.

연구팀은 여기에 위협이라는 변수를 추가했다. 참가자들에게 "이 라운드에서 팀의 성과가 기준치에 미달하면, 팀 전체가 보상을 잃는다"라는 위험을 알려주었다. 다만 그 이유를 두 가지로 다르게 설명했다. 한 그룹에는 "다른 팀이 더 잘해서 우리 팀이 순위에서 밀릴 수 있다"라고 하며 사회적 위협 social threat 을 설정했고, 다른 그룹에는 "예기치 못한 자연재해 때문에 보상이 사라질 수 있다"라고 설명하며 비사회적 위협 asocial threat 조건을 만들었다. 두 경우 모두 손실 확률과 보상 구조는 같았지만 참가자들이 느끼는 위협의 성격만 달랐다.

결과는 뚜렷했다. 다른 팀과의 경쟁이라는 사회적 위협이 있을 때, 참가자들의 평균 기여율은 비사회적 위협 조건보다 눈에 띄게 높았다. 즉, "환경 탓에 위험하다"라는 상황보다 "적이 우리를 위협한다"라는 상황이 사람들을 훨씬 더 강하게 결속시켰다. 연구진은 그 이유를 두 가지로 설명했다. 첫째, 경쟁에서 지면 상대가 이득을 보기 때문에 손실이 단순한 감소가 아니라 상대의 승리로 느껴진다. 둘째, 자연재해 같은 위협은 통제 불가능하지만 사회적 위협은 내부 단결로 대응할 수 있다는 믿음이 생긴다. 결국 이 실험은 "공동의 적이 있을 때, 인간은 본능적으로 협력한다"라는 사실을 과학적으로 증명한 것이다.

이처럼 외부 위협이 있으면 내부 갈등이 줄어든다. 서로 싫어하던 사람들도 공동의 적 앞에서는 협력한다.

당신을 싫어하는 동료가 있다면 직접 화해하려 하는 대신 공통의 적을 찾아라. 다른 팀, 경쟁사, 까다로운 클라이언트, 불합리한 정책. 뭐든 좋다. 당신과 그 동료 모두에게 위협이 되는 대상.

그것에 대해 대화를 시작하라. "저쪽 팀 요구사항 너무한 것 같지 않아요?" 상대는 동의한다. 본인도 그렇게 생각했으니까. "우리가 대응을 같이 조율해야 할 것 같은데요." 공동 전선을 제안하라. 상대는 거절하기 어렵다. 실제로 협력이 필요하니까. 함께 대응하면서 관계가 바뀌고 같은 편이 된다. 적어도 그 이슈에 대해서는 협력하게 된다. 그리고 그 경험이 다른 영역으로 확산된다.

이것은 전쟁터에서서도 벌어지는 일로, 생존을 위한 인간 본능이다. 공통의 적은 만들어낼 수도 있다. 과장할 수도 있다. 중요한 건 당신과 상대가 같은 편이라는 프레임을 만드는 것이다.

무시하지 말고 인정하라

상대가 당신을 싫어하는 이유가 분명 있을 것이다. 질투일 수도 있고 오해일 수도 있다. 경쟁심일 수도 있고 정말로 뭔가를 잘못했을 수도 있다. 이 이유를 무시하지도 말고, 관계가 괜찮은 척하지도 마라. 그렇게 하면 악화된다.

상황과 관계를 인정하고 직접 언급하라. "제가 뭔가 잘못한 게 있나요?" 하고 직접 물어라. 상대는 당황한다. 예상하지 못한 질문이기 때문이다. 대부분은 대화 흐름상 부인한다. "아니, 그런 건 아니고……." 상대가 이렇게 나오면 문을 열도록 도와주어라. "그런 것 같아서요. 불편한 점 있으면 말씀해주세요." 이렇게 계속 밀어붙이면 결국 상대는 선택해야 한다. 말하거나, 완전히 부인하거나. 말하면 해결 가능성이 생긴다. 부인하면 더 이상 티내기 어려워진다. 불편하지 않다고 했으니까. 어느 쪽이든 당신이 이긴다.

이런 방식을 코끼리 직면하기 facing the elephant 방식이라고 부른다. 방 안의 코끼리 the elephant in the room 는 크고 무시할 수 없는 문제를 의미한다. 모두가 존재감이 큰 코끼리를 보지만 아무도 언급 하지 않고 침묵한다. 이 상황을 깨고 문제를 정면으로 해결하려고 적극적으로 해결하려 해야 한다.

"우리 사이가 좀 어색한 것 같은데, 제 생각만 그런 건가요?" 이렇게 시작하라. 상대는 방어벽을 내린다. 당신이 먼저 인정했으니까. 대화가 가능해진다. 인정은 약함이 아니고 용기다. 그 또한 효과적이다.

상대가 없는 자리에서 공개적으로 칭찬하라

관계를 개선해 보겠다며 당신을 싫어하는 사람을 앞에 두고 직접 칭찬하면 의심하고 거부한다. '무슨 속셈이지?' 하는 생각부터 들기 때문이다. 그래도 방법은 있다. 본인이 없는 자리에서 다른 사람들 앞에서 칭찬하면 된다. 회의에서 말하라. "김 대리님 아이디어가 정말 도움 됐습니다." 김 대리가 당신을 싫어하더라도 그 말은 나중에 다른 사람 입을 통해 전해진다.

전해 들은 칭찬은 직접 들은 것보다 훨씬 강력하다. 왜? 진심처럼 보이기 때문이다. 전해 들은 자신에게 하려고 한 말이 아니라 진짜 생각이라서 한 말처럼 들린다. 김 대리는 그 말을 듣고 당황할 수밖에 없다. '저 사람이 나를 칭찬했다고?' 인지부조화가 온다. '나를 싫어하는 줄 알았는데?' 결국 그는 생각을 바꿔 먹는다.

상대를 공개 칭찬하면 그는 당신을 공격할 수 없다. 이미 모두가 당신의 칭찬을 들었다. 이제 상대가 당신을 공격하면 이상해 보인다. '저 사람은 널 칭찬했는데 넌 왜 그래?' 주변 시선의 압박 때문에 나설 수가 없다.

칭찬은 구체적이어야 한다. "김 대리님 능력이 뛰어나다"가 아니라 "김 대리님이 지난번에 제시한 솔루션 덕분에 프로젝트가 살았다" 이렇게 구체적으로, 또한 진심을 어느 정도 담아야 한다. 거짓 칭찬은 들키기 때문이다. 상대의 진짜 장점을 찾아라. 싫어하는 사람도 장점은 있다. 그걸 인정하고 칭찬해야 한다.

비밀을 공유하라

사람들은 자기 비밀을 아는 사람에게 적대적이기 어렵다. 당신을 싫어하는 사람에게 작은 비밀, 그리 치명적이지 않은 적당한 수준의 개인적 정보를 공유하라. "사실 저 요즘 이런 고민이 있어요······." 업무 관련이든 개인적인 것이든 약점을 살짝 보여라. 나는 완벽하지 않으며 고민도 있고 그것을 상대에게 털어놓는 사람이라는 것을 보여주어라. 상대는 '왜 나한테 이런 얘기를?' 하며 당황하겠지만 들을 수밖에 없다. 그리고 비밀을 듣다 보면 조금 누그러진다. '이 사람도 약점이 있네' 하며 당신을 인간적으로 보기 시작한다.

심리학자 야페와 연구팀은 2023년 "비밀을 털어놓는 행위가 사람 사이의 거리감을 줄이는가"를 실험으로 확인했다. 이들은 특히 비밀을 말하는 사람이 아니라 비밀을 듣는 사람의 마음에 주목했다. 실험 참가자들은 두 그룹으로 나뉘어 한 그룹은 누군가가 자신의 비밀스러운 이야기를 털어놓는 오디오를 들었다. 한편 다른 그룹은 단순히 일상적인 이야기를 담은 오디오를 들었다. 참가자들은 마치 녹음 속 인물이 자신에게 직접 이야기한다고 상상하며 들었다.

실험 결과에서 비밀을 들은 사람들은 단순한 정보를 들은 사람들보다 그 화자와 자신 사이의 거리를 훨씬 더 가깝게 느꼈다. 즉, "그 사람이 나를 신뢰하고 있구나"라는 생각이 들면서 자연스럽게 심리적 장벽이 낮아진 것이다. 연구진은 이를 "비밀 공유의 사회적 신호 효과"라고 설명했다. 누군가 나에게 비밀을 털어놓는 순간, 나는 그 사람에게 특별한 존재가 된다고 느낀다.

이 연구는 단순한 대화 이상의 의미를 던진다. 비밀은 단지 숨겨진 정보가 아니라, 신뢰와 친밀감의 언어다. 연인, 친구,

직장 동료와의 관계에서도 적절한 수준의 비밀을 나누는 행위는 나는 너를 믿는다는 무언의 메시지가 되어, 관계를 한층 가깝게 만든다. 결국, 인간관계를 단단하게 만드는 것은 말의 내용이 아니라 그 안에 담긴 신뢰의 무게라는 것을 보여주는 실험이다.

이처럼 비밀을 공유하면 유대감이 생겨난다. '이 사람이 나를 믿는구나' 하고 느끼며 배신하기 어렵게 된다. 비밀을 안 사람을 공격하면 자기도 위험해질 수 있으니까. 단, 무기가 될 만한 비밀은 주어서는 안 된다. 상대는 아직 완전히 내 편으로 돌아서지 않았을 수 있다. 아직 적일 수도 있다. 통제 가능한 수준의 약점만을 활용하자. "사실 저, 이번 프로젝트 압박 때문에 스트레스받고 있어요" 하는 정도면 충분하다. 인간적으로 보이되 약점 잡힐 비밀은 마음속에 품고 있어야 한다.

혼자 지치도록 만들어라

상대가 당신을 공격하고 회의에서 반대 의견을 내고,

의견을 무시하며 비난하기까지 한다. 맞받아치고 싶고 반격하고 싶을 것이다. 그러나 참아야만 한다. 맞서면 전쟁이 된다. 전쟁은 이기기 어렵고 양쪽 모두 상처입는다.

상대의 에너지에 맞불을 놓아 서로 에너지를 소비하는 대신 상대의 에너지를 내게로 받아들여야만 한다. "그렇게 볼 수도 있겠네요" 하고 인정하라. 동의가 아닌 인정이다. 상대 관점이 존재한다는 점을 인정하는 것이다.

"좋은 지적입니다. 고려하겠습니다"라며 칭찬하라. 진심으로. 상대는 무장해제된다. 공격했는데 칭찬을 받았으니 어떻게 반응해야 할지 모르게 된다. 씨름이나 합기도 같은 데서 사용하는 원리다. 상대 힘을 역이용해, 정면으로 막지 않고 상대 힘을 흘린다. 그러면 상대는 균형을 잃는다.

공격에 공격으로 대응하면 갈등이 증폭되지만 공격에 수용으로 대응하면 대부분 진정된다. 상대는 싸우려고 준비했지만 당신이 여기에 걸려들 필요는 없다. 상대는 혼자 싸울 수 없고 상대하지 않다 보면 결국 에너지가 떨어져 공격을 멈춘다.

그때 당신이 이긴다. 싸우지 않고 이긴다.

시간을 투자하라

적을 편으로 만들려면 시간이 걸린다. 하루아침에 상대의 마음을 바꿀 수는 없다. 몇 주, 몇 달이 걸릴 것이다. 그러나 조급해하지 마라. 꾸준히 접촉하며 일부러 마주칠 기회를 만들어라. 복도, 카페, 회의 등 상황과 장소를 가리지 마라.

"안녕하세요"와 같은 간단한 인사부터 시작하라. 상대는 처음엔 무시할 것이다. 괜찮다. 계속하라. 2주쯤 지나면 짧게라도 대답하게 되어 있다. "커피 드실래요?" 하며 작은 호의를 베풀어라. 거절하더라도 다음 기회가 있다. 언젠가는 미안해서라도 받아들이게 되어 있다.

프로젝트든 회의든 밥이든 함께 시간을 보내도록 해보자. 접촉 빈도가 올라가면 적대감이 줄어든다. 심리학에서 이를 단순노출효과라고 부른다. 자주 보면 호감이 생긴다. 처음에 부정적이었던 관계도 긍정적 상호작용을 여러 번 하면 중립 또는 긍정으로 전환된다.

여러 번의 긍정적 접촉이 필요하다. 인사, 대화, 협력, 칭찬, 도움. 이런 것들을 꾸준히 쌓아라. 시간은 걸리지만 효과는 확실하다. 조급하면 실패한다. 천천히, 꾸준히, 전략적으로 접근하라.

변화를 강요하지 말자

어느 순간 상대는 태도를 바꾸기 시작할 것이다. 덜 적대적이고 무뚝뚝하고 인상 쓰던 얼굴이 가끔 웃게 될 것이며 대화에도 응한다. 여기서 잠시 멈춰야 한다. 한꺼번에 밀어붙이지 마라. "이제 우리 친구지?"라고 갑작스레 말하는 순간 상대는 다시 뒤로 물러선다. 자연스레 두어야 한다. 스스로 깨닫게 해야 한다. 당신이 말하는 순간 상대는 다시 방어하려 한다.

관계 변화는 서서히 일어난다. 본인도 모르게 어느 순간 상대는 당신을 더 이상 적으로 보지 않게 되어 있다. 동료, 더 나아가서 어쩌면 친구로 보게 될 수도 있다. 억지로 확인하려 들지 마라. "저희 이제 꽤 가까워지지 않았습니까?" 이런 말은 역효과다. 계속 긍정적으로 대하는 것으로 충분하다. 일관성을 유지하라. 상대가 적대적이었던 사실을 언급하지도 말고 과거를 들춰내지 마라.

"예전엔 나를 싫어했잖아?"와 같은 말을 하는 순간 상대는 다시 관계를 점검하고 방어하며 관계는 후퇴한다. 과거는 없던 일처럼, 지금부터 좋은 관계인 것처럼 대하라. 상대도 그렇게 받아들인다.

모든 이를 내 편으로 만들 수는 없다

적을 내 편으로 바꾸는 일은 노력이 많이 드는 일이지만 실패해도 괜찮다. 모든 사람을 내 편으로 만들 수는 없다. 어떤 사람은 바뀌지 않으며 당신이 뭘 해도 적대적이다. 그럴 수 있다.

포기하라. 모든 사람이 나를 좋아하게 만들 필요는 없다. 나에게 중요한 영향을 끼칠 수 있는 사람들만 전환시켜라. 실패한 시도는 손해가 아니다. 최소한 상황을 악화시키지 않았다. 그것만으로 충분하다.

그리고 당신의 노력을 주변 사람들이 보고 있다. 여러 노력에도 불구하고 상대가 변하지 않는다면 그건 그 사람의 문제이지 당신 문제가 아니다. 주변 사람들도 그렇게 판단한다. 적을 내 편으로 만들려는 시도는 당신의 이미지를 성숙해 보이도록 만들며 관계 지향적으로 보이게 한다. 포용력이 있으며 리더십이 있어 보인다.

성공하면 강력한 동맹을 얻는다. 실패해도 평판이 올라간다. 어느 쪽이든 나쁘지 않다. 적을 피하는 건 쉽지만 적을 공략하는 건 어렵다. 하지만 어려운 길이 더 큰 보상을 준다. 당신을 싫어하던 사람이 당신 편이 되는 순간, 당신은 진짜 영향력을 얻는다. 그것이 진짜 인간관계의 권력이다.

**적은 제거하는 것이 아니라,
내 편으로 전향시키는 것이다.**

실전 활용 사례: 적을 아군으로 만들기

직장 관계 – 나를 견제하는 상사를 내 편으로 만드는 법

상황 상사가 당신의 의견을 공개적으로 자주 반박한다. 회의 때마다 기세가 꺾인다.

전략 적용

- 공통의 적을 설정하라.

    "부장님, 요즘 클라이언트 요구가 너무 과하죠."

    직접적인 설득은 실패한다.

    대신 적대의 화살을 외부로 돌려라.

- 작은 부탁을 하라.

    "부장님 경험이 필요합니다. 짧게 조언 주실 수 있을까요?"

    도움을 요청받은 순간, 그는 당신을 '적'이 아니라 '내게 의존하는 사람'으로 인식한다.

강자는 경쟁을 싫어하고, 의존을 좋아한다.
적을 친구로 만드는 가장 빠른 길은
조언을 구하는 것이다.

3장
상대에게 특별한 사람이 되는 방법

특별함은 착각이다

어떤 사람들은 방에 들어서는 순간 분위기를 바꾼다. 말투는 차분한데 시선이 모인다. 같은 말을 해도 더 무게감 있게 들리고 아무 말도 하지 않아도 존재감이 있다. 사람들은 그들을 특별하다고 말한다. 하지만 특별함은 타고나는 성질이 아니다. 그저 그들이 특별해 보이는 법을 알기 때문이다.

이 특별함은 지각 perception 의 문제다. 사람들은 실제 능력보다 인상에 반응한다. 똑같은 말을 해도 누가 하느냐에 따라 의미가 달라진다. 이것이 특별해 보이는 사람과 그냥 평범한 사람을 나누는 차이다. 특별함은 객관적 실력이 아니라 상대의 뇌 안에서 형성되는 인식의 구조다.

심리학 연구들에 따르면 사람들은 첫 만남에서 단 몇 분 만에 지위와 신뢰 가능성을 판단한다. 그 판단은 이후의 모든 대화와 관계 해석의 기준이 된다. 당신이 초반 몇 분 안에 특별한 인상을 주면 상대는 이후의 당신의 행동까지 다르게 해석한다. 같은 실수도 사소한 실수로 보이고 같은 의견도 통찰로 들린다. 이렇듯 특별함은 능력이 아니라 프레임이다.

결국, 중요한 건 '얼마나 특별한가'가 아니라 '얼마나 특별하게 보이게 하느냐'다.

관계에도 가치와 희소성이 있다

사람들은 쉽게 얻을 수 있는 것을 귀하게 여기지 않는다. 무언가를 어렵게 얻어야만 가치를 느낀다. 행동경제학에서는 이를 희소성 효과 scarcity effect 라고 부른다. 같은 물건이라도 '한정판'이라는 문구가 붙으면 사람들은 더 비싼 값을 지불한다. 가치는 본질에서 생기지 않으며 접근의 어려움이 가치를 만든다.

이 원리는 인간관계에도 그대로 적용된다. 너무 쉽게 다가가는 사람은 매력이 오래가지 않는다. 누군가 만나자고 할 때 즉시 "좋아요"라고 답하지 마라. "이번 주는 일정이 꽉 차 있는데, 다음 주는 괜찮을 것 같아요"와 같이 말하라. 일정이 있다는 사실은 당신의 시간이 귀하다는 뜻이다.

메시지가 왔을 때도 마찬가지다. 모든 알림에 즉각 반응하지 마라. 때로는 몇 시간, 혹은 하루쯤 뒤에 답해도 된다. 당신의 하루에는 다른 중요한 일들이 있다는 신호를 줘야 한다. 늘 대기 중인 사람은 결코 특별해 보이지 않는다. 전략적인 거리두기다. 당신의 시간과 감정, 관심은 누구에게나 열려 있는 자원이 아니라 선택된 사람에게만 허락되는 한정판이어야 한다.

심리학자 휘처치 등의 연구는 이 원리를 더 명확히 증명한다. 2011년, 그들은 "불확실성이 로맨틱한 매력을 높인다"는 내용을 주제로 실험을 진행했다. 여성 대학생들에게 가상의 남성 네 명의 SNS 프로필을 보여주고, "그 남성들이 당신을 얼마나 좋아했는가"에 대한 평가를 전달했다. 한 그룹은 "그가 당신을 매우 좋아한다", 다른 그룹은 "보통 수준의 호감이다", 그리고 마지막 그룹은 "그가 당신을 좋아할 수도 있고 아닐 수도 있다"는 불확실한 평가를 받았다.

결과는 의외였다. 확실히 좋아한다는 말을 들은 그룹보다 잘 모르겠다는 불확실한 평가를 받은 그룹이 그 남성들에게 훨씬 더 강한 매력을 느꼈다. 그들은 남성들을 더 자주 떠올렸고, 더 오랫동안 생각했다.

연구자들은 이 현상을 인지적 각성 cognitive arousal 이라 불렀다. 상대가 자신을 어떻게 생각하는지 확신이 없을수록, 그 답을 찾으려는 마음이 계속 작동한다는 것이다. 이 불확실성은 사람의 인지적 자원을 붙잡고 스스로 감정을 강화하게 만든다. 결국 "내가 이 사람을 이렇게 자주 떠올리는 걸 보면 나도 이 사람을 좋아하나 보다"라는 자기합리화가 작동한다. 확신보다 애매함이 오히려 관계를 오래 붙잡는 힘이 되는 셈이다.

이유는 단순하다. 확실한 호감은 안정감을 주지만, 곧 익숙해진다. 반면 불확실한 관계에서는 혹시 나를 좋아할지도 모른다는 기대가 쉽게 사라지지 않는다. 이 작은 가능성이 감정의 불꽃을 오래 유지시킨다. 사랑과 관계는 완전한 확신보다 미묘한 불확실성 속에서 더 강하게 자란다.

상대가 완전히 당신을 얻지 못했을 때, 그 빈틈이 마음을 계속 움직이게 한다. 당신이 쉽게 닿을 수 없는 사람일 때, 사람들은 당신을 더 오래 생각한다. 그래서 관계에서의 희소성은 단지 고급스러움의 표현이 아니라 상대의 마음속에서 당신을 잊지 못하게 만드는 인지적 장치다. 누군가에게 특별해지고 싶다면 먼저 남에게 너무 가깝게 굴어서도 안 되며 시간을 쉽게 내어주어서도 안 된다. 모두에게 열려 있는 사람은 누구에게도 특별하지 않다.

선택적으로 관심을 줘라

희소성이 진짜 힘을 발휘하는 순간은 그것이 관심으로 바뀔 때다. 모두에게 친절하면 아무도 특별하지 않다. 하지만 선택적으로 관심을 주면 그 관심을 받은 사람은 즉시 자신이 특별한 존재라고 느낀다. 사람들은 내가 선택받았다는 인식에서 강한 심리적 보상을 느낀다. 이 감정이 관계를 묶는 가장 강력한 접착제다.

회의에서 여러 사람이 말한다. 당신은 누구 말에나 고개를 끄덕이지 않는다. 대부분은 그냥 듣는다. 하지만 특정 사람이 말할 때, 몸을 살짝 앞으로 기울이고, 시선을 맞추고, 짧게 반응한다. "그거 좋은 포인트네요." 이 짧은 한마디가 강한 인상을 남긴다. 그 사람은 느낀다. '이 사람은 내 말을 진심으로 듣는다' 또는 '나를 알아본다' 하고 생각하게 된다. 특별한 연결감은 그 순간 생겨난다. 다른 사람들은 모르고 그냥 지나가 기억에 남지 않더라도, 그 사람은 기억할 것이다.

회식 자리에서도 마찬가지다. 모든 사람에게 똑같이 미소 짓지 마라. 몇 명을 선택해 깊게 대화하라. 그들에게 질문하고, 진심으로 반응하고, 나중에 그 대화의 일부를 다시 꺼내라. "그때 이야기하신 그 부분, 생각해봤어요." 이런 말 한마디가 관계를 각인시킨다. 선택받은 사람들은 느낀다. "이 사람은 나를 기억한다."

당신의 관심이 귀하기 때문에, 그 관심을 받는 사람은 자신이 특별하다고 느낀다. 모두에게 친절한 사람은 누구에게도 기억되지 않는다. 하지만 선택적으로 집중하는 사람은 '존재감'으로 기억된다.

당신의 시간, 말, 관심을 아무에게나 나누지 마라. 모두에게 주어지는 온정은 공기처럼 투명하지만, 선택된 온정은 불빛처럼 남는다.

약간의 미스터리를 유지하라

사람은 완전히 모르는 것보다 거의 다 아는 것 같은데 조금 부족한 상태에서 훨씬 더 강한 호기심을 느낀다. 심리학자 조지 로웬스타인은 이를 정보 격차 이론 information-gap theory of curiosity 으로 설명했다.

그는 논문에서 호기심은 단순한 지식 욕구가 아니라 이미 알고 있는 정보와 아직 알지 못하는 정보 사이의 틈에서 비롯된다고 설명한다. 너무 많이 알면 궁금하지 않고 너무 몰라도 흥미가 생기지 않는다. 적당히 모를 때 사람은 가장 강하게 끌린다.

실험에서도 이 현상은 똑같이 확인됐다. 참가자들에게 어떤 주제의 일부 정보만 보여주고 나머지를 보기 위해 시간이나 비용을 들이게 했을 때, 정보를 중간 정도만 아는 사람들이 가장 적극적으로 움직였다.

모든 걸 아는 사람은 이미 흥미를 잃고 아무것도 모르는 사람은 애초에 관심을 갖지 않았다. 그러나 조금 모자란 상태의 사람들은 나머지를 알고 싶어 더 많은 노력을 기울였다. 호기심을 가장 강하게 자극하는 건 완전한 무지나 완전한 지식이 아니라 거의 다 안 것 같은 불완전함이었다.

이 원리는 인간관계에도 그대로 적용된다. 처음 만난 사람이 지나치게 폐쇄적이면 흥미가 사라지고, 반대로 모든 것을 털어놓으면 더 이상 궁금할 게 없다. 하지만 어느 정도는 알고 어느 정도는 모를 때, 마음이 움직인다. 모든 걸 보여주는 순간 매력은 끝난다. 당신이 무엇을 생각하는지, 어떤 하루를 보내는지, 어느 정도까지만 알려줘라. 나머지는 상상하게 두라. 그 상상의 여백이 곧 당신의 매력이다. 주말 계획을 묻는다면, "그냥 조금 돌아다닐 것 같아요" 하는 정도면 충분하다. 세세하게 설명하지 마라. 상대가 궁금해하도록 남겨라.

상대가 완전히 낯설지 않지만 아직 이해할 여지가 남아 있을 때, 관심은 멈추지 않는다. 상대의 머릿속에 당신에 대한 열린 질문을 남기면, 그들은 무의식적으로 당신을 계속 떠올린다. "그건 무슨 뜻이었을까?", "그 사람, 어떤 사람이었지?" 이렇게 궁금증은 기억의 반복 재생을 만든다.

물론 미스터리는 냉정함과 다르며 여백을 두는 것이다. 대화는 이어가되 자신을 모두 해명하고 해설하지 마라.

친절히 대하되 모든 걸 설명하지 마라. 당신의 말속에 한두 겹의 여운을 남겨라. 그것이 사람의 생각을 멈추게 만들고, 다시 당신에게 시선을 돌리게 한다.

그 작은 정보의 틈이 관계의 끌림을 만든다.

예측 불가능한 순간을 만들어라

사람의 관심은 변화에 반응한다. 패턴은 안정감을 주지만 동시에 흥미를 죽인다. 반대로 예측할 수 없는 사람은 기억에 남는다. 뇌는 새로운 자극에 민감하게 반응하도록 설계되어 있다. 행동심리학에서는 이를 새로움 효과 novelty effect 라 부른다.

같은 자극이 반복되면 반응이 약해지고, 예상치 못한 변화가 생기면 즉시 주의가 다시 집중된다. 즉, 예측 불가능성은 단순한 개성이 아니라 주목을 유지하는 과학적 전략이다. 항상 진지한 사람이 갑자기 유머를 던지면 그 순간 분위기가 바뀐다. 사람들은 놀라고, 웃고, 기억한다. 반대로 늘 농담만 하던 사람이 한순간 진지해지면 모두 조용해진다.

'무슨 일이지?'라는 궁금증이 당신을 다시 중심에 세운다. 사람들은 변화를 관찰한다. 익숙한 패턴이 깨질 때, 당신에게 집중한다.

항상 똑같이 행동하지 마라. 늘 빠르게 답장을 보내던 사람이라면 가끔은 하루쯤 늦게 답해도 좋다. 늘 회의에서 먼저 의견을 내던 사람이라면 한 번쯤은 조용히 듣기만 해보라. 늘 점심을 함께하던 자리에서 어느 날 혼자 있는 모습을 보이면 사람들은 속으로 묻는다. "오늘은 왜 혼자일까?" 당신은 그들의 머릿속에 하나의 질문으로 남는다. 그 질문이 곧 흥미의 씨앗이다.

예측 가능함은 편안함을 주지만 매력은 편안함이 아니라 긴장감에서 생긴다. 조금은 낯설고 조금은 다르게 행동할 때 사람들은 당신을 다시 본다. 그들은 당신을 단순한 사람이 아니라 의외성이 있는 사람으로 인식한다. 패턴을 완전히 깨라는 뜻은 아니다. 오히려 기준 속에서의 의외성이 중요하다.

평소와 90%는 같되 10%를 예측 불가능하게 만들라. 그 10%가 당신을 특별하게 기억시키는 힘이다. 사람들은 예상과 실제 사이의 불일치를 마주할 때, 무의식적으로 이유를 찾으려 한다. 그래서 당신의 의외의 행동은 단순한 변덕이 아니라, 상대의 주의를 붙잡는 장치가 된다. 그들은 당신을 이해하려고 계속 생각하고, 그 생각이 당신을 잊지 못하게 만든다.

특별한 사람은 늘 완벽하게 일관된 사람이 아니다. 때로는 흐름을 바꾸고 틀을 흔드는 사람이 기억된다. 예측 불가능한 한 끗의 차이가 당신을 평범함의 경계 밖으로 옮긴다. 당신이 만든 그 작은 불규칙성이 사람들의 머릿속에 계속 생각나는 사람으로 남게 만든다.

그들을 조금 더 나은 사람으로 보이게 하라

사람은 자신을 더 빛나게 만들어 주는 사람에게 끌린다. 특별함은 내가 반짝이는 순간을 선물받을 때 생긴다. 상대가 평범한 이야기를 꺼냈더라도 당신이 그 의미를 밝혀 주면, 그 순간 그는 생각이 통하는 사람이 되고 당신은 그 생각을 꺼내준 사람이 된다. "그 포인트가 핵심이네요", "그 관점은 놓치기 쉬운데 정확히 짚으셨어요." 짧은 한 문장이지만 상대의 말에 해석과 이름을 붙여 주는 순간 그의 자존감은 한 단계 올라간다. 인간관계에서는 이런 '해석이라는 선물'이 호감의 열쇠다.

회의에서도 원리는 같다. 누군가 아이디어를 내면 바로 평가하거나 빼앗지 말고, 확장하라. "민수 님 아이디어에 X를 더하면, Y까지 열릴 것 같아요." 기여를 명확히 이름으로 호명하고, 공을 원 주인에게 돌린 채 스케일을 키우는 것이다. 당신 곁에서 자신이 더 나은 사람처럼 느껴지는 경험이 반복되면 그는 당신을 재능을 끌어올리는 사람으로 기억한다.

중요한 건 칭찬의 방식이다. "대단해요" 같은 둥근 말은 오래가지 않는다. 구체와 맥락이 필요하다. 무엇이 좋았는지, 어디가 차별점이었는지, 왜 지금 유효한지를 짧게 붙여라. "방금 고객 전환 직전 데이터에 초점을 둔 게 결정적이네요. 실행으로 바로 이어질 지점이에요." 이렇게 내용, 차별점, 효과를 10초 안에 묶어 주면 상대는 내가 정확히 무엇을 잘했는지 정확히 이해한다. 이해된 칭찬만이 정체감을 바꾼다.

또 하나의 기술은 요약으로 빛나게 만들어주는 것이다. 흐릿하게 흩어진 발언을 당신이 한 줄로 정리해 주면 원

발언자는 날카로워진다. "정리하면, A를 줄이고 B를 전면에 세운다는 제안이죠? 실행 로드맵은 제가 메모해 두겠습니다." 요약은 공을 가로채는 행위가 아니다. 원 소유자를 분명히 밝힌 뒤 논리의 형태를 선물하는 일이다. 말은 여전히 그 사람의 것이며 당신은 그를 빛나게 해주는 것이다.

마지막으로 인정은 비공식적일 때보다 공식적일 때 더 깊이 각인된다. 일대일로 좋았다고 말하는 것도 필요하지만 가능하다면 사람 앞에서 크레딧을 붙여라. 회의록, 메신저, 발표 슬라이드 하단에 이름을 남기는 작은 습관이 신뢰를 만든다. 사람들은 자신을 크게 만드는 사람을 계속 찾는다. 당신 곁에 있으면 내가 커지는 느낌. 그 감각이 쌓이면 당신은 자연스럽게 특별한 사람이 된다. 당신이 만든 빛에서 그가 더 선명해질수록 그는 그 빛의 원천을 잊지 않는다.

특별함은 습관이다

특별함은 타고나는 아우라가 아니라, 반복되는 선택의 결과다. 당신이 스스로의 시간에 경계를 세우고 관심을 아무에게나 흘리지 않으며 대화에 여백을 남긴다. 가끔 패턴을 깨뜨려 주의를 환기시키고 만나는 사람들을 한 단계 더 빛나게 만드는 순간을 의도적으로 설계할 때, 상대의 뇌 속에는 이 사람은 다르다는 프레임이 점점 굳어진다. 특별함은 실력이 아니라 인식이고, 인식은 반복으로 굳는다.

그래서 필요한 건 거창한 이벤트가 아니라 작고 일관된 실행이다. 오늘부터 당신의 하루에 특별해 보이게 만드는 습관을 심어라. 내일을 기다리지 마라. 오늘 만나게 될 단 한 사람에게만이라도 적용해 보자. 메시지 하나를 바로 응답이 아니라 의미 있는 응답으로, 칭찬 하나를 무턱대고 좋았다고 하는 것이 아니라 무엇이 정확히 좋았는지 언급하는 칭찬으로, 소개 한 줄을 형식적으로 하지 말고 빛나게 편집된 요약으로 해보자. 작지만 정확한 차이가 상대의 기억을 바꾼다. 그 기억이 당신의 존재감을 키운다.

한 줄 다짐으로 끝내자. "나는 오늘, 나의 시간을 희소하게 쓰고 관심을 선택적으로 주며 말에 여백을 남기고 의외성으로 주목을 만들며 만나는 사람을 한 단계 더 빛나게 하겠다." 이 다섯 가지가 매일 반복되면 특별함은 성격이 아니라 습관이 된다. 그리고 습관이 된 특별함은 결국 실력이 된다.

이제 당신의 차례다. 오늘 한 번, 한 사람에게, 한 동작부터 시작하라. 내일의 당신은 분명 어제와 다르게 보일 것이다.

특별함은 타고나는 것이 아니라 훈련의 결과다.

실전 활용 사례: 상대에게 특별한 사람이 되기

연인 관계 – 심리적 미스터리로 매력 강화하기

상황 연인이 당신을 '다 아는 사람'으로 여겨 더 이상 궁금해하지 않는다.

전략 적용

- ☐ 모든 일상을 보고하지 마라.

  "오늘 하루 길었는데 재밌었어. 나중에 얘기해줄게."

- ☐ 늘 같은 톤 대신에 가끔은 패턴을 깨라.

  평소에 진지하면 농담을 던지고,

  늘 유쾌한 사람이면 진지하게 말해보라.

- ☐ 가벼우면서 새로운 개인 정보로 내면 접근권을 제공하라.

호기심은 감정의 촉매다.

완전히 아는 것 같으면서도

새로운 면이 있는 사람으로 인식시켜라.

4장

조직에서 대체 불가능한 사람으로 남는 법

필요는 권력이다

어떤 사람들은 사라져도 아무도 모른다. 대체 가능하다. 중요하지 않다. 반면 어떤 사람은 하루만 자리를 비워도 모두가 느낀다. "어디 갔지?", "연락이 안 되네", "이거 어떻게 하지?"와 같은 말을 하며 웅성댄다. 차이는 단 하나, '필요의 정도'다.

조직에서 꼭 필요로 하는 사람은 힘이 있다. 떠나면 안 되니까 함부로 못 대할 수 없다. 반면 얼마든지 대체할 수 있는 사람은 좋은 대접을 받지 못한다. 능력과 노력도 중요하지만 조직이 얼마나 나를 필요로 하느냐가 더 중요하다. 사회심리학자 프렌치와 레이븐은 "권력은 지위가 아니라 의존에서 생긴다"라고 했다. 상대가 당신에게 의존할수록 당신이 가진 자원의 가치가 커질수록 당신의 영향력은 커진다. 때로는 직급이 아래라도 자신이 정말 조직에게 필요하다면 진짜 권력이 생긴다.

애플의 스티브 잡스와 디자이너 조너선 아이브가 그랬다. 아이브는 공식 직책상 부하였지만 잡스는 그를 절대적으로 신뢰했다. 그의 손을 거치지 않은 제품은 출시되지 않았고 때로는 그의 결정이 잡스의 결정보다 우선했다. 잡스는 그를 "내 생각을 구현할 수 있는 유일한 사람"이라 불렀다. 이 관계는 직급이 아니라 의존의 구조로 설명된다. 잡스가 아이브의 감각과 실행 능력에 의존했기에, 아이브는 단 한 번도 부하 직원처럼 취급받지 않았다. 그의 존재는 애플의 심장과 같았다.

권력은 결국 누가 누구를 더 필요로 하느냐의 게임이다. 헤드헌터들은 이를 안다. 인재를 평가할 때 능력만 보지 않는다. "이 사람이 떠나면 회사가 얼마나 곤란해지나?"를 생각한다. 이것이 진짜 협상력이고 가치다.

오늘부터 당신은 필요한 사람이 되어야 한다. 아직 완벽하지 않아도 좋다. 실제보다 더 없으면 곤란한 사람처럼 보이게 만들어야 한다. 필요는 결국 권력의 다른 이름이기 때문이다.

정보를 장악하라

리처드 닉슨 대통령의 비서실장 H. R. 홀드먼의 힘은 단 하나, 정보를 통제하는 능력에서 나왔다. 그는 대통령에게 들어오는 모든 문서와 사람을 걸러내며, 무엇을 보고 듣게 할지를 정했다. 백악관 직원들은 그를 '베를린 장벽'이라 불렀다. 닉슨은 세상을 직접 보기보다, 홀드먼이 보여주는 세계를 보았다고 해도 과언이 아니었다.

조직 안에서도 정보의 흐름을 쥔 사람은 권력을 가진다. 회의실에서 가장 큰 목소리를 내는 사람이 아니라, 무엇을 누구에게 언제 전달할지 아는 사람이 실질적인 영향력을 행사한다. 정보를 먼저 알고, 필요할 때만 흘리고, 타이밍을 계산할 줄 아는 사람은 조직의 신경망을 움직이는 존재가 된다.

중요한 정보를 얻어도, 공유할 시점은 스스로 판단해

공개해야 한다. 특히나 정보를 얻는 방법은 함부로 공개해서는 안 된다. IT 컨설턴트들을 떠올려 보자. 시스템을 구축할 때 이들은 문서화를 최소화하면서 말한다. "복잡해서 문서로 설명하기 어렵습니다." 클라이언트는 계속 그들을 불러야 하고 결국은 유지보수 계약이 계속된다.

결국 정보의 중심에 선다는 것은 단순히 많이 아는 것이 아니라, 무엇을 숨기고 무엇을 보여줄지 설계하는 기술이다. 그 기술을 가진 사람은 직급을 넘어, 흐름 자체를 지배한다.

관계를 중개하라

르네상스 시대의 피렌체는 돈보다 연결을 가진 사람이 도시를 움직였다. 그 중심에는 메디치 가문이 있었다. 사람들은 그들을 은행가라고 불렀지만 그들의 진짜 권력은 돈에 있지 않았다. 그들은 돈이 오가는 길목을 지배했다. 15세기 초, 메디치 가문은 교황청의 재정을 관리하는 '교황의 은행'으로 임명되었다. 로마를 중심으로 브뤼헤, 런던, 제네바 등 유럽 주요 도시에 지점을 두고 헌금과 세금, 면죄부 판매

대금이 오가는 금융 네트워크를 독점했다. 교황이 성당을 짓거나 왕이 전쟁 자금을 마련할 때 결국 메디치의 손을 거쳐야 했다. 그들은 유럽의 통화뿐 아니라 정보의 혈관까지 쥐고 있었다.

메디치 가문의 시조인 조반니 디 비치 데 메디치는 여러 교황이 대립하던 시기를 살았다. 그는 이 시기에 요한 23세를 전폭적으로 지원했다. 하지만 요한23세가 투쟁에서 패배해 투옥되자 모두가 등을 돌렸고 오직 조반니만이 그를 끝까지 보호했다. 새 교황 마르티누스 5세가 즉위하자 조반니는 곧장 그에게 접근해 요한의 보석금을 대신 내고 메디치 은행의 국제 네트워크와 충성심을 과시했다. 그 결과 새 교황은 메디치 은행을 교황청의 유일한 공식 은행으로 지정했다. 그때부터 유럽의 신앙과 경제, 정치의 흐름은 모두 메디치의 장부 위를 흘러갔다.

메디치 가문은 칼을 들지 않고 제국을 통제했다. 그들은 왕을 대신하지 않았고 교황을 위협하지도 않았다. 다만 사람과 사람, 권력과 권력 사이의 통로를 장악했을 뿐이다. 그 결과 피렌체의 한 금융 가문은 300년 동안 유럽의 중심에 서게 된다. 이 이야기는 단순한 역사적 성공담이 아니다.

오늘날에도 회사든 사회든 관계의 흐름을 설계하는 사람이 결국 중심에 선다. 직접 명령하지 않아도 된다. 연결을 관리하는 사람이 진짜 권력을 가진다.

이 원리는 오늘의 조직에서도 똑같이 작동한다. 조직에서 살아남으려면 허브가 되어 정보가 꼭 당신을 통과하게 만들어놓는 것이 좋다. 사람과 사람 사이에 꼭 필요한 중개인이 되어야만 한다. A가 B에게 연락하려면 당신을 거쳐야 한다. "B 연락처 있어요?"라고 묻거든 "제가 전달해드릴게요."라고 답하라. 직접 연결하지 말고, 당신이 중간에서 연결하라. 일을 더 하는 것 같지만 장기적으로 훨씬 더 이득이 된다.

유의미한 대화들이 당신을 통과하도록 만들어라. 상사와 팀원 사이에도 서라. "팀장님이 이렇게 지시하셨어요", "팀원들 의견은 제가 정리해서 보고드릴게요." 위아래를 연결하는 사람이 되라. 당신이 빠지면 일이 멈추는 구조를 설계하라. 그때부터 당신은 조직의 흐름을 통제하는 사람이다.

정치 전략가들이 대통령의 수석비서관을 중요하게 보는 이유도 같다. 그가 가장 똑똑해서가 아니다. 모든 정보가 그를 통과하기 때문이다. 대통령을 만나려면 그를 거쳐야 한다. 그 문을 통제하는 사람이 권력을 가진다.

단, 권력욕으로 보이면 안 된다. "제가 정리해서 전달하는 게 효율적일 것 같아요."라며 효율을 내세워라. 도움을 주는 척하라. 실제로는 통제하는 것이다. 보이지 않게 흐름을 설계하는 사람, 그것이 진짜 영향력을 가진 사람이다.

작지만 중요한 일을 맡아라

MBA 교수들은 말한다. 조직에서 진짜 영향력을 얻고 싶다면, 화려한 일보다 묵묵한 일을 맡으라고. 눈에 띄지 않지만 없으면 시스템이 멈추는 일. 그게 조직의 숨은 축이다.

큰 일은 주목받지만 대체 가능하다. 하지만 작고 반복적인 일 모두가 무심히 지나치는 일 속에 진짜 권력이 숨어 있다. 회의록을 예로 들어보자. 겉보기엔 단순한 기록이지만 결정의 흐름을 남기는 핵심이다. 누가 지시하지 않았는데 당신이 매번 정확히 정리해두면 시간이 지나 회의의 방향을 기억하는 사람은 당신뿐이다. "지난주 그 안건 어떻게 됐지?" 모두가 헷갈릴 때, 답할 수 있는 사람. 그 사람이 중심이다.

또 있다. 프로젝트 일정, 보고 체계, 내부 커뮤니케이션. 이건 단순 조율이 아니라 흐름의 설계다. 사람들이 언제, 어떤 순서로 움직일지 결정하는 일이기 때문이다. 일정이 꼬이면 혼란이 생기고 그 혼란을 바로잡는 사람이 결국 신뢰를 얻는다. 이런 일은 티가 나지 않는다. 그러나 조직이 제대로 돌아가게 만드는 건 바로 그런 구조다.

스타트업 창업가들이 초기 멤버 중 조정자를 가장 중요하게 여기는 이유도 같다. 그는 화려한 성과를 내지 않아도 회사의 맥박을 유지시킨다. 계약서 한 줄, 예산 한 셀, 일정표 한 줄이 모두 연결돼 있기 때문이다. 이런 일을 맡는 사람은 잡일 담당자가 아니라 시스템의 관리자다. 조직이 흔들리지 않게 균형을 잡는 손, 그 손을 가진 사람이 영향력을 갖는다.

작지만 중요한 일을 꾸준히 맡아라. 그건 누구나 할 수 있는 일이지만, 아무나 계속할 수는 없는 일이다. 시간이 지나면 사람들은 말하게 된다. "그건 원래 그 사람이 하는 거야." 아마 당신은 괜히 일을 늘렸다고 생각하겠지만, 그 말속에 이미 권력이 들어 있다.

보이지 않게 시스템을 붙잡는 사람, 바로 그가 조직의 실제 중심이다.

위기의 순간에 찾는 사람이 되어라

평온할 때는 누구나 유능해 보인다. 하지만 혼란이 시작되면 진짜가 드러난다. 군사 전략가들은 말한다. 평시의 장군은 많지만 전시의 장군은 드물다고. 조직도 마찬가지다. 위기 상황에서 사람들이 떠올리는 이름이 곧 신뢰의 지분이다.

문제가 생겼을 때 모두가 자동으로 당신을 찾게 만들어야 한다. 회의가 막히고 일정이 꼬이고 갑작스러운 실수가 터졌을 때, "이럴 땐 누구한테 물어보지?" 하고 머릿속에 맨 먼저 떠오르는 이름, 그게 영향력이다. 스스로 나서는 사람이 아니라 남들이 찾는 사람이 되어야 한다.

그런 평판은 한 번의 멋진 해결로 만들어지지 않는다. 위기가 올 때마다 차분하게 대응해야 한다. 누가 봐도 당황할 만한 순간에도 목소리를 높이지 않고 필요한 조치를 먼저 취하는 사람. 과시하지 않고 "괜찮아요. 이건 이렇게 정리하면 됩니다"라고 말할 수 있는 사람. 그 한마디가 혼란을 안정시킨다. 사람들은 그 기억을 잊지 않는다. 위기 때 그 사람이 있었다는 경험이 쌓이면 그 이름은 자동으로 신뢰의 구조 안에 자리 잡는다.

소방관이 존중받는 이유도 같다. 평소엔 눈에 띄지 않지만, 위기 순간에는 반드시 떠올려지는 사람이다. 그들이 없으면 불안하다. 그게 진짜 존재감이다. 조직에서도 마찬가지다. 평소엔 조용해도 괜찮다. 하지만 상황이 흔들릴 때, 사람들이 본능적으로 당신을 찾게 만들어라. 그 순간부터 당신은 단순한 구성원이 아니라, 조직이 의지하는 사람이 된다.

대체자를 만들지 마라

조직은 늘 말한다. 핵심 인력이 갑자기 떠나면 안 된다고. 그래서 매뉴얼을 만들고, 인수인계를 철저히 하라고 한다. 하지만 진짜 영향력은 그 반대편에서 생긴다. 누구나 대신할 수 있다면, 당신은 언제든 교체될 수 있다. 대체 불가능함은 우연이 아니라 의도적인 관리의 결과다.

당신의 일 중 일부는 문서로 남기되 핵심은 머릿속에 두어야 한다. 모든 것을 투명하게 공유하면 편리하긴 하지만, 동시에 당신의 존재 이유도 사라진다. 중요한 절차와 판단의 기준, 관계의 맥락 같은 것은 경험을 통해서만 이해되는 영역으로 남겨라. "이건 해봐야 감이 와요." 이 한마디는 단순한 회피가 아니라 전문성의 경계선이다. 누구나 흉내 낼 수 있지만 아무도 완전히 대체할 수 없는 영역, 그 안에서 당신은 필수적인 사람이 된다.

회사는 백업 인력을 원하지만 리더들은 다 안다. 조직이 진짜로 움직이는 건 시스템이 아니라 사람이라는 것을. 그래서 법률회사의 파트너들은 핵심 고객을 직접 관리한다. 서류와 절차는 후배에게 맡겨도 최종 의사소통은 스스로 한다. 고객은 파트너를 신뢰한다. 그가 떠나면 고객도 함께 떠난다. 이것이 관계의 독점이 만든 권력이다. 누군가 당신의 자리를 대신 맡을 수는 있어도 그 관계의 신뢰까지 옮길 수는 없다.

모든 걸 가르칠 필요는 없다. 어떤 일은 문서로 남겨야 하지만 어떤 일은 사람을 통해서만 이어지게 만들어야 한다. 그 구분을 정교하게 관리하는 사람이 오래 남는다. 당신이 빠지는 순간 시스템이 흔들린다면 그건 불안이 아니라 영향력이다. 대체자를 만들지 않는다는 건 자리를 지키는 가장 조용한 전략이다.

불확실성을 설계하라

협상에서 가장 강력한 위치는 언제나 대안이 있는 사람에게 주어진다. 협상 전문가들은 이를 BATNA, 즉 협상 결렬 시 최선의 대안 BATNA: Best Alternative To a Negotiated Agreement 라 부른다. 대안이 있다는 건 언제든 다른 선택을 할 수 있다는 뜻이다. 조직에서 떠날 수 있는 사람만이 진짜로 머무를 수 있다.

조직에서도 마찬가지다. 너무 쉽게 붙잡을 수 있는 사람은 대우받지 못한다. 늘 자리에 있고 늘 준비된 사람은 편리하지만, 그만큼 당연한 존재가 된다. 가끔은 당신의 부재 가능성을 암시하라. 이직을 진지하게 준비하지 않아도 괜찮다. 단지 다른 곳에서도 필요로 하는 사람이라는 신호가 전해지면 된다. 직접 말하지 않아도 좋다. 소문은 우연처럼 흘러야 한다. "요즘 제안이 들어왔다던데." 이 한마디가 조직의 공기를 바꾼다. 사람들은 속으로 계산하기 시작한다. '저 사람이 떠나면 곤란한데.' 불안은 곧 가치다.

상사가 조심스럽게 묻는다. "요즘 이직 고민해?" 그때는 확답하지 마라. "아직은 잘 모르겠어요." 이 애매함이 당신의 협상력을 만든다. 사람들은 언제든 떠날 수 있는 사람을 붙잡고 싶어 한다. 공급이 불확실해지면 수요가 올라간다. 이건 심리학이기 이전에 경제학의 법칙이다.

단, 이 전략은 자주 써서는 안 된다. 지나친 암시는 신뢰를 해친다. "또 이직 얘기야?"라는 말이 나오는 순간 힘은 사라진다. 필요할 때만 조용히, 진짜 협상이 필요할 때만 써라. 가끔의 불확실함은 존재감을 높이지만 과한 불안은 신뢰를 무너뜨린다. 당신은 언제든 떠날 수 있는 사람처럼 보이되 실제로는 가장 깊게 뿌리내린 사람이어야 한다.

없으면 안 되는 사람은 만들어내는 것이다

대체 불가능성은 타고나는 재능이 아니라 설계의 결과다. 누군가의 머릿속에서 당신이 없으면 곤란한 사람으로 자리 잡는 순간, 권력의 축은 조용히 당신 쪽으로 이동한다. 그 방법은 화려하지 않다. 필요를 키우고, 정보를 설계하고, 관계의 문을 통제하고, 보이지 않는 구조를 관리하고,

위기에서 떠올려지는 이름이 되는 것. 이 다섯 가지가 겹쳐질 때 인식은 굳는다. 사람들은 당신을 능력보다 먼저 필요로 기억한다.

기억하라. 영향력은 목소리의 크기에서 나오지 않는다. 흐름을 쥔 사람에게서 나온다. 무엇을 언제 누구에게 보여줄지, 누가 누구에게 접근할 수 있을지, 일과 시간과 위기의 순서를 어떻게 배열할지, 이 보이지 않는 편집권이 당신을 중심으로 만든다. 그리고 그 중심을 오래 지키려면 핵심을 문서보다 사람에 남기고, 관계의 신뢰를 파일이 아닌 얼굴에 쌓고, 때때로는 부재의 가능성으로 희소성을 관리해야 한다.

결국 선택은 습관이다. 오늘 한 건의 회의에서 결정을 명확히 남기고, 한 번의 일정 충돌을 매끄럽게 풀고 한 통의 연결을 당신을 거쳐 흐르게 만들며 작은 징후를 먼저 감지해 위기를 미리 정리하라. 이렇게 조용히, 천천히, 반복하라. 3개월이면 익숙해지고 6개월이면 의존이 생기며 1년이면 사람들은 말할 것이다. "그 사람 없으면 안 된다."

권력은 인식이며 필요는 믿음이다. 당신이 필요하다고 믿게 만들었으면 당신은 정말로 필요한 사람이다.

노력은 모두가 하지만
조직이 정말로 필요로 하는 사람은 따로 있다.

자가진단 체크리스트

"나는 대체 불가능한 사람인가, 대체 가능한 사람인가?"

아래 항목에 스스로 체크하라.

7개 이상이면 당신은 '소모형(Replaceable Type)',

3개 이하라면 '핵심형(Irreplaceable Architect)'이다.

- ☐ 나 없이도 업무가 잘 돌아가게 매뉴얼을 만들어둔다.
- ☐ 중요한 정보는 모두 공유해야 한다고 믿는다.
- ☐ 회의에서 주도적으로 정리하기보다 기록만 남긴다.
- ☐ 위기 상황이 생겨도 누가 해결할지 떠오르지 않는다.
- ☐ 사람들의 요청을 즉각 처리해주는 게 신뢰라고 생각한다.
- ☐ 내가 빠져도 조직이 큰 혼란 없이 유지된다.
- ☐ 관계의 연결고리보다는 개인 성과에 집중한다.
- ☐ 누가 누구에게 보고해야 하는지 잘 모르겠다고 느낀다.
- ☐ 모든 절차를 투명하게 공유하지 않으면 불안하다.
- ☐ '내가 없어도 된다'는 말을 듣는 게 편하다.

결과 해석

핵심형 · 균형형 · 소모형

0~3개   **핵심형(Irreplaceable Architect)**

정보의 흐름과 관계의 구조를 설계하는 사람. 당신은 '직급이 아닌 영향력'을 가진다. 조직은 당신을 중심으로 돌아간다.

4~6개   **균형형(Strategic Operator)**

능력은 충분하지만, 아직 영향력의 구조를 완전히 통제하지는 못한다. '정보, 관계, 위기'를 관리하여 권한을 확장하면 조직의 허브가 된다.

7개 이상   **소모형(Replaceable Type)**

당신의 일은 시스템에 흡수된다. 언제든 다른 사람으로 교체될 수 있다.

DARK PSYCHOLOGY

《 3부 》

상대에게서 나를 지키는 기술

"모든 관계의 기준은 결국 나 자신이다"

HOW TO SHIELD YOURSELF FROM OTHERS

1장
거짓말을
잡아내는 방법

당신은 지금도 속고 있다

거짓말쟁이는 당신 옆에 있다. 동료는 업무 진행 상황에 대해 거짓말한다. 연인은 어제 저녁을 누구와 보냈는지 거짓말한다. 친구는 약속을 못 지킨 이유에 대해 거짓말한다. 거래처는 납품 일정에 대해 거짓말한다. 그리고 당신은 그냥 믿는다. "설마 거짓말을 하겠어?", "이 사람이 날 속일 리 없어", "증거가 없는데 어떻게 알아?"

이렇게 생각하는 당신은 계속 당할 수밖에 없다. 배신당하고, 손해 보고, 바보가 된다. 나중에 진실을 알게 되면 그때서야 후회한다. "그때 이상했는데……", "뭔가 수상했는데……." 하지만 그때는 이미 늦었다.

미국 FBI에는 행동분석가 behavioral analyst 들이 있다. '범죄 프로파일러'라고 불리기도 하는 이들은, 심리학적 개념과 과학적 기법을 결합해 거짓말과 싸운다. 연쇄살인마가 "나 안 했어"라고 말할 때, 테러리스트가 "아무것도 모른다"라고 발뺌할 때 그들은 진실을 가려낸다. 실수하면 무고한 사람이 죽거나 범인이 풀려난다. 그들에게 거짓말 탐지는 직업이자 생존의 문제다.

책의 이 장을 읽고 나면 오늘부터 당신도 그들처럼 관찰하고 그들처럼 질문하며 그들처럼 진실을 찾아내게 될 것이다.

거짓말의 구조적 결함

거짓말에는 치명적 약점이 있다. 진실은 기억에서 꺼내는 것이지만 거짓말은 뇌에서 즉석으로 만들어내는 것이기 때문이다. 거짓말을 할 때는 창작 과정이 필요하다. 그 과정에서 필연적으로 인지부하 cognitive load 가 발생한다. 인지부하는 인간의 뇌가 처리해 낼 수 있는 정보량보다 처리해야 하는 정보량이 많을 때 생겨난다.

뇌가 동시에 처리할 수 있는 정보량에는 한계가 있다. 거짓말쟁이는 세 가지를 동시에 해야 한다. 거짓 스토리를 만들고 그걸 그럴듯하게 전달하며 당신의 반응을 관찰하고 조정한다. 진실을 말하는 사람은 기억을 꺼내기만 하면 된다. 훨씬 쉽고 뇌도 여유롭다.

거짓말 탐지 연구자들이 수십 년간 연구한 결과, 거짓말은 진실을 말하는 것보다 인지적으로 더 많은 부담을 준다는 것이 밝혀졌다. 신경과학에서 밝혀낸 바에 의하면 거짓말을 할 때 뇌의 전전두엽 prefrontal cortex: 뇌의 계획 및 통제 센터에 해당함과 두정엽 parietal lobe: 뇌의 정보 처리 및 주의력 통제 센터에 해당이 활성화된다.

뇌의 부담은 행동으로 새어 나온다. 이것이 핵심이다. 인지부하를 가중시켜라. 거짓말은 무너진다.

시간을 거꾸로 물어라

거짓말쟁이들은 이야기를 앞에서부터 준비한다. 영화

줄거리를 외우고 대본을 쓰는 것과 비슷하다. 아침에 일어나서 점심 먹고 저녁에 집에 왔다는 식으로 순서대로 만들어낸다. 역순으로 물으면 어떻게 될까? 머릿속에서 순서를 다시 재배열해야 한다. 인지부하가 두 배로 늘어난다. 그 순간 말이 느려지고 같은 말을 반복하고 앞뒤가 안 맞기 시작한다.

포츠머스 대학교에서 진행한 거짓말 탐지 연구에서 역순 질문 기법은 효과적인 것으로 밝혀졌다. 진실 진술자는 질문 유형과 관계없이 일관된 세부정보를 제공하지만 거짓 진술자는 예상치 못한 순서의 질문에서 답변의 질이 떨어진다.

진실을 말하는 사람은 다르다. 실제로 경험했기 때문에 시간 순서는 중요하지 않다. 기억은 비선형적이다. 끝에서 시작으로 거슬러 올라가도 디테일은 동일하다. "집에 11시에 들어왔고, 그 전에 회식 2차 갔고, 1차는 7시에 시작했어."라는 말도 막힘없이 나온다. 시간을 되짚는 것이 오히려 기억을 더 선명하게 만든다.

당신의 연인이 어제 야근했다고 말한다. 뭔가 찝찝하다. 이럴 때 대부분은 "몇 시에 끝났어?"라고 묻고 끝날 것이다.

하지만 진실을 알고 싶다면 끝에서 시작으로 거슬러 올라가야 한다. 집에 몇 시에 들어왔는지, 그 전에 뭘 했는지, 야근은 몇 시에 시작했는지, 점심은 뭘 먹었는지. 하나씩 역순으로 확인해 나가야 한다.

거짓말이라면 어딘가에서 막힌다. 시간이 맞지 않거나 디테일이 바뀌고 확신이 흔들린다. "10시쯤? 아니, 11시였나? 잘 기억 안 나." 진실이었다면 이렇게 애매하지 않다. 실제로 경험한 일은 순서를 바꾸어 물어도 타임라인이 명확하다.

디테일을 파고들어라

거짓말에는 디테일이 없다. "친구들이랑 놀았어", "집에서 쉬었어", "회의 있었어." 거짓말에는 이렇듯 큰 그림만 있다. 구체적이지 않으면 검증당할 일도 없기 때문이다. 이것이 거짓말쟁이의 전략이다. 최소한의 정보만 주고, 질문받지 않으면 더 말하지 않는다.

심리학자 폴 에크먼이 발견한 패턴에 의하면 진짜 기억은 오감의 조각들로 이루어져 있다. 시각, 청각, 촉각, 후각,

심지어 그때의 감정이 모여 기억을 구성한다.

의식적으로 이 조각들을 알지 못하더라도, 무의식에서는 기억하고 있다. 당신이 지난주 친구와 카페에서 만난 일을 떠올려보라. 친구가 입었던 옷, 카페에 틀었던 음악, 커피 향, 테이블 재질, 그때 느꼈던 편안함. 이 모든 게 자연스럽게 기억난다.

하지만 거짓말쟁이는 큰 줄거리만 만든다. 디테일까지 창작할 여유가 없다. 만들어낸다 해도 일관성이 없다. 물어볼 때마다 조금씩 바뀐다. 처음엔 "고깃집"이라고 했다가 나중엔 "음……. 고깃집이었나? 이자카야였나?" 하며 흔들린다.

팀원이 거래처 미팅 때문에 마감을 못 지켰다고 말한다. 정말 미팅에 나갔었는지 궁금하다면 여기서 멈추지 마라. 어느 거래처인지, 미팅 장소가 어디였는지, 누구를 만났는지, 테이블이었는지 룸이었는지, 옆자리에 누가 앉았는지, 메뉴는 뭘 시켰는지, 회의실 분위기는 어땠는지. 하나씩 구체적으로 물어라.

거짓말이 아니었다면 이런 질문들에 쉽게 대답할 수 있다. 모든 디테일을 기억은 못 해도 몇 가지는 확실하게 기억하기 마련이다. "테이블 모양은 모르겠는데, 김 부장님이 소주를

쏟아서 그건 기억나." 이런 식으로 예상치 못한 디테일이 튀어나온다. 만들어낸 이야기에서는 나올 수 없는 디테일이다.

하지만 거짓말쟁이는 모든 디테일이 균일하게 모호하다. "글쎄요…", "잘 기억이…", "평범했어요……." 구체적인 것이 하나도 없다. "잘 기억 안 나"가 몇 번 등장하는지 봐라. 세 번 이상 나오면 거의 확정이다. 진짜로 거기 갔다면, 무엇인가는 또렷이 기억한다.

예상하지 못한 질문으로 기습하라

거짓말쟁이는 당신의 질문을 예상하고 답을 준비한다. 어디에 갔었고 누구를 만났으며 뭘 했는지. 이런 질문들은 뻔하며 당연히 물어볼 거라고 예상한다. 그래서 거울 보고 연습하듯 답을 연습한다. 거짓말쟁이는 연습한 범위 안에서는 완벽하다. 말도 막힘없고 디테일도 살아 있다.

하지만 리허설 범위 밖을 공략하면 무너진다. 예상 밖 질문을 던져라. 본질과 상관없어 보이는, 그래서 준비 안 했을 질문.

"거기 가는 길에 신호등 있었어?", "주차는 어디다 했어?", "계산은 카드로 했어?" 이런 질문들까지는 너무 사소해서 준비할 수 없다. 그럼에도 불구하고 경험했으면 즉시 대답할 수 있다. 신호등이 몇 개였는지는 몰라도 있었는지 없었는지는 안다. 주차를 어디 했는지 기억한다. 계산을 카드로 했는지 현금으로 했는지 안다. 일부러 떠올리려 하지 않아도 이미 경험한 내용이기 때문이다.

거짓말쟁이는 멈칫한다. "주차? 음… 어디였지…?" 즉흥적으로 만들어내야 해서 답이 느리다. 그리고 일관성이 없다. 아까는 "주차했다"라고 했는데 지금은 "비어 있는 데 아무데나 해서 모르겠다"라고 한다. 정말 차를 끌고 주차했다면 정확한 위치는 모르더라도 분위기나 주변 경치는 기억할 것이다.

친구가 몸이 좋지 않다면서 약속을 취소했다. 여기서 끝나면 확인할 방법이 없다. 하지만 예상 밖 질문을 던져보라. 약을 먹었고 약국에는 갔는지 잘 누워있었으며 밖에는 나갔는지, 뭘 먹었는지, 물은 많이 마셨는지. 이런 질문들은 "몸이 안 좋다"라는 이야기만 준비했다면 대답할 수 없다. 하지만 진짜 아팠다면 모든 것이 자연스럽게 기억난다.

거짓말이라면 질문마다 힘겹게 답변을 새로 만들어내야 한다. 인지부하가 급증할 수밖에 없고 결국은 어딘가에서 무너진다. 어쩌면 약속을 취소한 뒤 두 시간이 지나 인스타그램 스토리에 카페 사진이 올라올지도 모른다.

몸은 거짓말을 못 한다

폴 에크먼이 발견한 또 하나의 진실이 있다. 말은 통제할 수 있지만 몸은 통제할 수 없다. 미세표정 micro-expression 은 정말 짧은 시간인 0.04초 동안 얼굴에 스쳐 지나가는 표정이다. 의식적으로 억제하기 전에 새어 나오는 표정으로 개인이 숨기고자 하는 진짜 표정이다. 거짓말쟁이가 웃으며 말하는데 눈썹이 0.1초 찌푸려진다. 여유로운 척하는데 목이 경직된다. 자신 있게 말하는데 손이 떨린다. 때문에 질문을 던지면서 동시에 상대의 신체를 관찰해야 한다. 말에 집중하느라 몸을 놓치면 절반을 놓친다.

눈이 위로 올라간다면 뇌가 이미지를 만들어내고 있다는 신호다. 기억을 떠올리는 게 아니라 상상하고 있는 것이다.

진실을 말할 때 눈은 수평으로 움직이거나 아래로 움직인다. 기억을 검색할 때의 움직임이다.

말이 갑자기 느려지는 모습도 놓쳐서는 안 된다. 평소엔 빠르게 말하던 사람이 특정 질문에서 말이 느려지면 거짓말의 신호다. 이야기를 만들어내느라 처리 속도가 느려진 것이다. 반대로 평소 말이 느리던 사람이 갑자기 빠르게 말하면 준비된 거짓말을 하고 있다고 봐야 한다. 리허설한 부분을 빨리 마치고 넘어가려는 것이다.

손이 입으로 가는 것은 무의식적 차단 행동이다. 거짓말이 입 밖으로 나가는 걸 막으려는 본능적 제스처다. 코를 만지거나, 턱을 긁거나, 목을 만지는 것도 같은 맥락이다.

발이 출구를 향한다. 상체는 당신을 향하는데 발은 문을 향한다. 도망가고 싶다는 신호다. 편안하면 발은 상대를 향한다. 불편하면 본능적으로 출구를 향한다.

이 신호들이 한두 개 나타난다고 바로 거짓말은 아니다. 사람은 긴장할 수도 있고 습관일 수도 있다. 하지만 여러 신호가 동시에 나타나고, 특정 질문에서만 나타난다면? 확률이 높아진다.

일관성을 추적하라

거짓말쟁이의 치명적 약점은 일관성을 유지하지 못한다는 점이다. 처음 이야기와 나중 이야기가 다르다. 어제는 "7시에 끝났다"라고 했는데 오늘은 "8시쯤?"이라고 한다. 세부사항이 바뀐다. 처음엔 "혼자 있었다"라고 했는데 나중엔 "아 맞다, 동료 한 명 있었지"라고 추가한다.

진실은 바뀌지 않는다. 기억은 시간이 지나도 핵심은 동일하다. 디테일은 흐릿해질 수 있지만 큰 틀은 변하지 않는다. 어제 말한 시간과 오늘 말한 시간이 같다. 있던 사람이 갑자기 추가되거나 사라지지 않는다.

반면 거짓말은 창작이다. 창작은 휘발성이 높다. 어제 만든 이야기를 오늘 똑같이 재현하기 어렵다. 특히 시간이 지나면 본인도 뭐라고 했는지 기억하지 못하며 그래서 조금씩 바뀐다. 이것을 추적해야만 한다. 같은 질문을 시간 차를 두고 여러 번 하라. 일주일 후에 다시 물어보라. "그때 몇 시라고 했지?" 진실이면 똑같이 대답할 것이다. 거짓말이면 다른 답이 나오거나 "정확히는 기억 안 나" 하며 도망친다.

메신저 대화를 저장하고 이메일을 보관하라. 날짜와 시간을 메모하라. 나중에 대조할 자료로 사용하라. 거짓말쟁이는 본인이 한 말을 기억 못 한다. 하지만 당신은 기록이 있다. 그 순간 게임이 끝난다.

침묵을 활용하라

FBI 심문관들이 실제 사용하는 실무 전문가 지침에서도 강조하는 기술이 있다. 바로 침묵이다. 한 연구 결과에 따르면, 경찰 면담 상황에서 면담관의 전략적 침묵 strategic use of silence 으로 인해 조사받는 사람이 자발적으로 정보를 약 20-30% 더 제공한다는 사실이 밝혀졌다. 상대가 답할 때 바로 다음 질문을 던지지 말아야 한다. 3초만 기다려 보자. 눈만 보며 아무 말도 하지 말아 보자.

사람들은 대부분 침묵을 못 견딘다. 불편하다. 뭐라도 말로 채우고 싶어한다. 거짓말쟁이는 특히 더 그렇다. 침묵이 의심처럼 느껴지니까. '왜 아무 말 안 하지? 안 믿는 건가? 더 설명해야 하나?' 그래서 말을 더 한다. "뭐, 그러니까…

정확히는 아니지만……." 이렇게 덧붙이기 시작한다. 그 과정에서 정보가 더 나온다. 앞에서 한 말과 안 맞는 부분이 튀어나온다. 거짓말을 확장하다 보니 구멍이 생긴다.

진짜 진실을 말하는 사람은 다르다. 침묵을 그냥 받아들인다. 할 말 다 했으니까, 더 설명할 게 없으니까 편안하게 앉아서 당신을 기다린다. 침묵은 당신한테도 이득이다. 생각할 시간이 생겨, 상대가 방금 한 말을 곱씹을 여유를 얻어 다음 질문을 어떻게 던질지 계획할 수 있다. 서두를 필요 없다. 침묵은 당신 편이다.

거짓말쟁이를 잡아내는 순간

순서를 거꾸로 하는 질문에 막히며 디테일 질문에 "잘 기억 안 나"를 반복한다. 예상 밖 질문에 답이 느려진다. 눈이 위로 올라가고 손이 입으로 간다. 시간이 지나니 이야기가 바뀐다. 침묵 후에 더 많이 말한다. 이 중 한두 개는 우연일 수 있다. 하지만 여러 개가 동시에 나타나면? 거의 확정이다. 그때 어떻게 할 것인가는 당신의 선택이다. 즉시 추궁할 수도 있다.

"지금 거짓말하는 거 알아." 증거를 더 모을 수도 있고 조용히 거리를 둘 수도 있다.

하지만 한 가지는 명확하다. 이제 당신은 안다. 상대가 거짓말하는지 진실을 말하는지. 당신은 더 이상 속지 않을 것이며 더 이상 바보가 아니다. 거짓말쟁이들은 도처에 있다. 하지만 이제 당신은 그들의 언어를 읽는다.

**거짓은 기억이 아니라 창작이다.
창작은 언제나 흔적을 남긴다.**

실전 활용 사례: 거짓말 잡아내기

연인 관계 – 야근했다는 연인

상황 연인이 "어제는 야근이었어"라고 말한다.
그런데 메시지 답장이 유난히 늦었고 새벽엔
읽고서도 답장이 없었다.

전략 적용

- ☐ 대답의 타이밍이 늦지 않은지 관찰하라.
- ☐ 시간 역순으로 질문하라.

    거짓이라면 순서를 재조합하느라 어딘가에서 대답이 끊긴다.

- ☐ 시간차 반응을 살펴라.

    대화 뒤 다음날 같은 질문을 반복해 달라진 점을 살펴라.

- ☐ 세부 묘사를 부추겨라.
- ☐ 시선을 살펴라.

거짓말은 불안의 흔적과 불일치를 남긴다.

2장

무례한 사람에게서 나를 지키는 방법

무례함은 권력 테스트다

누군가 당신한테 무례하게 굴고 말을 끊는다. 무시하고 비웃으며 반말한다. 당신을 없는 사람 취급하기까지 한다. 이것은 우연도 아니며 실수도 아니다. 무례함은 일종의 권력 테스트다. 상대는 지금 테스트하고 있다. '이 사람한테 이래도 되나? 반격할까? 참을까?' 당신이 참으면 테스트 통과다. 이제 당신은 무례하게 대해도 되는 사람으로 분류된다. 계속 당한다. 당신이 제대로 대응하면 테스트 실패다. 상대는 물러나며 다시는 함부로 굴지 못한다. 무례함에 올바르게 대응할 줄 알아야 한다. 제대로 대응하지 않으면 상대는 그 행동이 허용됐다고 인식하거나 더 심해진다.

크리스틴 포래스 등의 심리학 연구자들은 직장 내 무례함을 연구 주제로 삼았다. 무례한 행동은 단순히 기분 나쁜 경험으로 끝나지 않는다. 연구에 따르면 직장 내에서 무례함을 당한 사람은 분노, 두려움, 슬픔 같은 감정적 반응을 경험한다. 그리고 이 감정이 행동에도 깊은 영향을 미친다. 예를 들어, 가해자에게 되갚아주려는 보복 행동, 일에 대한 의욕을 잃는 업무 태만, 문제 상황을 피하려는 회피 행동이 나타난다. 이런 반응들은 개인의 스트레스뿐 아니라, 조직 전체의 분위기와 생산성까지 떨어뜨리는 부정적 결과로 이어진다.

더 큰 문제는 무례함이 한 번으로 끝나지 않는다는 점이다. 조직행동 연구자들은 이를 무례함의 나선 spiral of incivility 이라고 부른다. 처음엔 단순한 불친절이나 무시로 시작되지만, 피해자가 분노를 느끼고 작은 방식으로라도 보복하려 하면, 상대 역시 적대적으로 반응하면서 상황은 점점 심각해진다.

한국에서의 한 설문조사에서도 6개월 내 직장에서 무례함을 겪었다고 응답한 직장인은 100%, 반복적으로 무례한 일을 겪었다는 경험을 털어놓은 경우가 58.7%였다고 한다. 그리고 무례한 행동을 하는 사람은 대부분 상사 또는 선배였으며, 또한 연령대가 낮을수록 피해자일 확률이 높았다. '무례함을 자주 경험한다'는 응답자는 20대에서는 무려 30%에 달했다.

무례한 사람은 약한 사람만 공격한다. 강한 사람은 건드리지 않는다. 오늘부터 당신은 더 이상 참지 않는다. 즉시, 냉정하게, 효과적으로 대응한다.

즉시 대응하라

무례함을 참으면 반복된다. "이번만 참자", "어른스럽게 넘어가자", "괜히 문제 만들지 말자" 하고 생각하는 순간, 지는 것이다. 무례함은 악화된다. 한 번 허용하면 두 번째가 온다. 두 번째를 허용하면 세 번째가 온다. 당신은 무례하게 대해도 되는 사람이 된다.

무례한 행동이 일어난 순간, 빠른 시간 내에 반응해야 한다. 나중에 하면 효과가 반감된다. 앞서 언급한 한국의 설문조사에서 드러난 무례함의 유형은, 빈도순으로 '말을 자르거나 의견을 무시한다', '상태를 함부로 판단하고 단정짓는다', '다른 사람 앞에서 면박을 준다', '알아야 할 정보를 주지 않는다', '성과나 능력, 노력을 무시한다', '외모 및 성격 등 개인 특성을 비하한다' 등이었다.

이러한 무례는 매우 즉각적이며, 가해자는 자신이 가해를 한 줄도 모르고 금세 잊고 만다. "아까 그때……."라고 말하려고 해도 이미 늦었다. 상대는 "기억이 안 나는데" 또는 "그게 언제인데" 하며 회피하면 끝이다. 즉시 대응의 원칙은 간단하다. 무례한 행동 직후, 그 자리에서, 명확하게 대응하는 것이다. "그 말씀은 불편하게 들리네요. 외모 평가라고 느낄 수 있어보입니다" 또는 "개인적인 부분이라 언급하면 좋지 않을 것 같습니다"와 같이 사실만, 감정 없이, 차갑게 지적해보라.

조직 심리학에서는 무례한 행동에 대한 즉각적인 대응이 가장 효과적인 해결책이라고 본다. 누군가가 예의를 벗어난 말을 하거나 무시하는 태도를 보일 때 그 자리에서 침착하고 명확하게 "그런 말투는 불편하다"처럼 전문적이고 단호하게 경계를 세우는 것이 중요하다. 이렇게 하면 상대는 자신의 행동이 부적절하다는 사실을 즉시 인식하고 같은 행동을 반복할 가능성이 줄어든다. 뒤늦게 불만을 쌓아두거나, 간접적으로 표현하는 것보다 훨씬 빠르고 확실한 방법이다.

연구에 따르면 무례함을 당했을 때 갈등을 키우지 않고

차분히 상황을 정리하는 방식으로 대응한 사람들은 스트레스 수준이 낮았다. 반대로 분노를 폭발시키거나 복수하려는 행동은 오히려 상황을 악화시키고 감정적 소모를 키웠다. 즉, 무례함에 대한 즉시적이고 차분한 대응은 부정적인 감정이 쌓이는 것을 막고 그 자리에 남은 사람들 사이에서 긍정적인 관계 회복의 기회를 만들어 준다. 결국 즉각적인 대응은 단순한 자기방어가 아니라 관계를 건강하게 유지하는 기술이기도 한 셈이다.

감정은 숨기고 사실만 말하라

무례한 사람이 원하는 건 당신의 감정적 반응이다. 그들은 당신이 화내거나, 당황하거나, 움츠러드는 걸 보고 싶어한다. 원하는 것을 주어서는 안 된다. 감정을 드러내는 순간, 당신이 진다. "저 사람 예민하네", "너무 민감하네"와 같은 이야기를 들어야 한다. 주변 사람들도 당신을 문제로 본다.

무례한 상황에서 피해자가 어떻게 반응하느냐는 단지 개인의 감정 표현 문제가 아니라 주변 사람들이 그 사건을 어떻게 해석하고 행동하느냐에도 큰 영향을 준다. 심리학에서는 이를 근본적 귀인 오류 fundamental attribution error라고 부른다. 주변 사람들은 사건의 책임이 누구에게 있는지 판단하려 할 때, 피해자의 반응을 중요한 단서로 삼는다. 그래서 피해자가 울거나 화를 내는 등 감정적으로 대응하면, 방관자는 "저 사람이 너무 예민한 거 아닐까?"라고 생각하며 문제의 원인을 상황이 아닌 사람의 성격 탓으로 돌리게 된다는 것이다.

또한 일부 사람들은 세상이 공정하다고 믿고 싶어한다. 그래서 누군가 부당한 대우를 받을 때조차 "그 사람에게도 이유가 있었을 거야"라고 생각하며 마음의 균형을 맞추려 한다. 이런 심리는 정의로운 세상 가설 just-world hypothesis라고 하는데, 이에 따르면 피해자가 감정적으로 보일수록 "스스로 문제를 키운 사람"으로 인식될 위험이 커진다. 결국, 피해자의 격앙된 반응은 의도치 않게 가해자의 행동을 가볍게 만드는 효과를 낳을 수 있다.

반면, 사실과 규범에 기반한 냉정한 대응은 상황을 완전히 다르게 만든다. 예를 들어 "회의 중에 제 의견을 말도 안 된다고 말씀하셨는데 그건 회의 예절 규정을 어긴 것입니다"처럼 구체적 사실을 지적하면 문제는 개인 간 감정싸움이 아니라 조직 규범 위반으로 재정의된다. 이런 방식은 주변 사람들에게 사건의 심각성을 명확히 인식시키고 피해자의 신뢰도를 높인다. 특히 가해자가 상사처럼 권력을 가진 사람일수록 주변인은 상황이 명확할 때 더 쉽게 피해자를 지지하거나 개입할 수 있다. 즉, 차분하고 객관적인 대응은 단지 자기방어가 아니라 방관자를 동맹으로 만드는 힘을 가진 전략이다.

이렇듯 감정을 드러내며 대응하는 것은 여러모로 불리하다. 사실만 차갑게 지적하라. 상대가 말을 끊었을 때, "지금 제 말을 끊으신 건가요?"라고 화내지 마라. "제가 말씀드리던 중이었습니다" 하고 담담하게 말해야 통한다. 상대가 상황에 맞지 않게 반말했다면 "지금 반말하신 건가요?"라고 기분 나빠하는 태도를 드러내서는 안 된다. 감정을 드러내면 지는 것이다. 마찬가지로 상황만을 말해야 한다. "처음 뵙는데 반말을 사용하시네요." 감정 없이 사실만 말하면 상대는 당황한다. 예상한 반응이 아니기 때문이다. 감정적으로 대응한 경우보다 사실 기반으로 대응한 경우 주변 사람들의 지지를 얻을 확률이 높다는 사실을 잊어서는 안 된다.

질문으로 대응하라

상대의 무례한 행동을 질문으로 갚아주는 것도 좋은 방법이다. 누군가의 무례한 행동이나 문제를 바로잡고 싶을 때 직접적으로 비난하는 것은 생각보다 효과가 없다. "왜 그렇게 하시는 거죠?" 또는 "넌 항상 그런 식이야" 같은 말은 상대방의 자존심을 건드리고, 즉각적인 방어 반응을 일으킨다. 상대는 당신의 말이 사실이더라도 반박하거나 변명하려 들고, 결국 대화는 싸움으로 번지기 쉽다. 이런 식의 비난은 오히려 관계를 멀어지게 하고 신뢰를 약화시킨다.

그 대신 연구들은 간접적이고 행동 중심적인 접근이 훨씬 효과적이라고 말한다. 즉, 사람 자체를 비난하지 말고 행동 그 자체를 언급해보자.

예를 들어 "너와 어울리는 친구들은 다 별로야"라고 말하기보다 "그 친구들이 네가 곤란해지는 행동을 하는 게 마음에 걸려"라고 말하면 상대는 방어보다는 생각을 하게 된다. 이렇게 하면 대화의 초점이 너라는 사람이 아니라 지금의 행동과 그 결과로 옮겨지기 때문에 상대가 비난받는 느낌 없이 메시지를 받아들일 가능성이 높다.

여기에 질문을 덧붙이면 더 효과적이다. 앞의 메시지를 질문으로 바꾸어 보면, "그런 친구들이 너를 함부로 대하게 두면서 얻는 게 뭐라고 생각해?"처럼 묻는 것이다. 이런 질문은 명령이나 비난이 아니라 스스로 생각하게 만드는 거울이 된다.

직장에서도 "왜 그렇게 지시하셨습니까?" 하고 따지기보다 "어떤 의도로 어떤 결과를 바라고 하신 지시인지 궁금합니다"라고 물으면 상대는 자신의 행동을 돌아보게 된다. 즉, 비난은 벽을 만들고 질문은 생각의 문을 연다. 그래서 무례함을 멈추게 하는 가장 현명한 방법은 공격이 아니라 상대 스스로 깨닫게 만드는 대화다.

상대가 당신을 무시하고 함부로 단정지을 때도 마찬가지다. "아닌데요? 어디서 들으셨나요?"라고 억울해 할 것 없다. "제가 담당했던 부분인데 그렇게 단정하신 이유를 알고 싶습니다"와 같이 차분하게 설명하라. 질문은 상대를 설명 위치에 놓는다. 대부분 무례한 사람들은 정당한 이유가 없다. 설명하려다 말이 꼬인다. 주변 사람들이 듣고 있으면 더 당황한다. 가장 상황이 잘 풀릴 경우, 상대가 무례를 깨닫고 행동을 고치게 될 가능성도 있다.

어떤 질문은 공격이지만, 공격처럼 보이지 않는다. 예의를 갖춘 질문은 궁금증으로 보일 수 있다. 그러나 상대는 답해야 하며, 답하지 않으면 더 이상하다. 억지로 대답하면 변명이 된다. 어느 쪽이든 당신이 이긴다.

경계선을 명확히 그어라

무례한 사람은 당신의 경계를 계속 시험한다. 어디까지 밀어붙여도 되는지, 얼마나 참는지 본다. 그들은 '한 번쯤 괜찮겠지'를 반복하며 조금씩 선을 넘어온다. 당신이 반응하지 않으면, 그 경계는 사라진다. 경계는 마음속에 그리는 것이 아니다. 입으로 말하고 행동으로 지켜야 한다.

상대에게 단순한 말이 아니라 신호이자 선언을 하여 "여기까지가 한계다"라는 것을 알려주는 경계선을 그어주어야 한다. 경계선 설정은 세 단계로 나뉜다.

첫 번째, 경고. "그런 식으로 말씀하시면 곤란합니다."

두 번째, 재경고. "다시 한 번 말씀드리지만, 그 말투는 받아들일 수 없습니다."

세 번째, 실행. "대화가 어렵네요. 오늘은 여기까지 하겠습니다."

이 순서를 반드시 지켜라. 대부분은 첫 번째 경고에서 멈춘다. 그러나 멈추지 않는다면 주저 없이 2단계, 3단계로 나아가야 한다.

빈말로 그치지 않는 것이 가장 중요하다. "다음에 그러면 안 만날 거야"라고 해놓고 다시 만나면 당신의 말은 더 이상 힘을 잃는다. 경계를 말했으면 반드시 실행해야 한다. 그래야 상대는 당신을 시험하지 않는다.

경계를 지킨다는 건 싸움을 하는 것이 아니다. 나를 지키는 최소한의 질서를 유지하는 일이다. "참는 게 어른스럽다"는 말에 속지 마라. 참으면 상대는 괜찮은 사람을 넘어서 만만한 사람으로 본다.

경계는 누군가를 밀어내기 위한 게 아니라 서로를 지키기 위한 안전선이다. 한 번만 제대로 실행하면 상대는 다시는 그 선을 넘지 못한다. 당신은 무례하게 대해도 되는 사람이 아니다.

공개적으로 대응하고 증거를 남겨라

둘만 있는 자리에서 무례하게 구는 사람은 증거가 없다. "내가 언제 그랬어?" 하고 시치미를 떼면 끝이다. 사람들 앞에서 대응해 증거를 확보해야만 한다. 회의 중에 누가 개인정보를 거론하며 당신을 무시했다. "이 부분은 개인적으로 이야기해주시면 더 좋겠습니다"라고 모두가 있는 자리에서 말하라. 당연히 공유해야 할 정보를 던져주지 않으면서 업무를 지시했다. "해당 내용을 공유해 주실 수 있으실까요? 제가 알아야 업무를 할 수 있을 것 같습니다."

이렇게 모두가 보는 앞에서 공개적으로 대응하고 기록을 남겨야 한다. 사람들 앞에서 대응하면 세 가지 효과가 있다. 첫째, 증인이 생긴다. 둘째, 상대는 체면 때문에 조심한다. 셋째, 당신이 당하지 않는 사람임을 모두에게 각인시킬 수 있다.

물론 사람들의 기억은 불분명하며 당신에게 유리한 증언을 거부할 수도 있으므로 다른 증거도 남겨야만 한다. 회사에서는 이메일과 메신저를 캡처하라. 회의록에 기록하라.

증인을 확보하라. 개인 관계에서는 메시지를 저장하고 통화 녹음을 하라. 법적으로 가능한 범위에서 날짜와 상황을 메모하라.

증거가 있으면 상대는 부인하지 못한다. 그리고 당신은 필요할 때 자료를 꺼낼 수 있다. "6월 3일 오후 2시 메시지에서 이렇게 말씀하셨죠. 여기 있습니다." 이 한마디면 상대는 더 이상 부인하지 못한다. 당황해 하며 항변하겠지만 증거 앞에서는 무력하다. '이 사람은 만만한 상대가 아니구나' 하고 생각하여 다시는 함부로 할 수 없을 것이다.

증거 수집은 방어이자 공격이다. 당신을 보호하고, 상대를 압박한다.

상사가 무례할 때

상사가 무례하면 까다롭다. 권력 차이가 있기 때문이다. 하지만 방법은 있다. 즉시 사실 확인부터 시작해야만 한다. 사람들 앞에서 이유 없이 면박을 준다면 "과장님, 제가 뭘 못한 건지 구체적으로 말씀해주시겠어요? 앞으로 고쳐보려

합니다"라고 감정 없이 담담하게 사실 위주로 전달하라.

그리고 일대일 면담을 요청한다. "피드백 감사합니다. 더 자세한 이야기는 따로 시간 내주시면 좋겠습니다." 면담을 수락하면 앞으로의 관계를 위한 긍정적인 부탁을 하라. "피드백은 감사한데, 사람들 앞에서 그런 식으로 말씀하시면 저도 힘듭니다. 앞으로는 따로 말씀해주시면 안 될까요?"

만약 계속되면 세 가지 정도의 방법이 있다. 상사의 상사에게 보고하거나 HR에 상담을 요청해보고 증거 수집을 한 뒤 공식 문제 제기를 해볼 수도 있다. 바로 최후 수단을 쓰지는 말아야 한다. 간단히 해결할 수 있었을 문제가 커지기도 하기 때문이다.

무엇보다 열심히 기록하는 것이 중요하다. 모든 무례한 행동을 날짜와 함께 적어두라. 한두 번은 우연으로 치부되지만 열 번은 패턴이다. 패턴이 있으면 조치를 취할 수 있다.

친구가 무례할 때

친구의 무례함은 다르게 접근해야 한다. 관계가 더 중요하니까.

하지만 일방적으로 참을 필요도 없다. 즉시 지적하되 사람이 아니라 행동을 지적하면서 지시나 강제가 아니라 질문형으로 이야기하는 것이 좋다. "요즘 너무 네 이야기만 하고 내 이야기를 들어주지 않는 것 같은데, 어떻게 생각해?", "너 나한테 뭔가 불편한 거 있어? 있으면 말해."

대화를 시도해도 변하지 않으면 거리를 두어야 하며 명확히 이유를 알려주어야 한다. 친구는 당신에게 함부로 무례하게 대해도 좋은 사람이 아니다. 계속 무례하면 관계를 재평가해야 한다.

진짜 친구는 이렇게 대화를 시도하고 물으면 반성하고 사과할 것이다. 아무 반응이 없다면 진정한 친구라고 할 수 없다. 이때는 관계를 정리해야 한다. 반복되는 무례를 참으면서까지 유지해야 하는 관계는 없다.

모르는 사람이 무례할 때

카페에서 줄 서 있는데 누가 새치기한다. 택시 탔는데 기사가 반말한다. 가게에서 점원이 무시한다. 참을 필요

없이 즉시 지적해보자. "저 먼저 서 있었는데요", "존댓말 부탁드립니다", "주문했는데 받지 못했어요"처럼 사실만 명확하게.

특별한 권력 관계가 없는 경우이므로 대부분 이 단계에서 해결된다. 만약 문제가 해결되지 않는다면 사회적 압박을 만들어야만 한다. 남들이 듣도록 조금 더 소리 높여 말하는 것이다. "줄 새치기 안 되는 거 아시죠?" 주변 시선이 상대를 압박해 대부분 물러서서 사과하게 되어 있다. 모르는 사람의 무례함은 단호하게 차단해야 한다. 당신이 차단하면 다른 사람들도 보호받는다.

연인이 무례할 때

연인의 무례함은 가장 위험하다. 가까운 관계에서의 무례함은 단순한 버릇이 아니라 존중의 붕괴이자 심리적 학대의 시작이 될 수 있다. 낮은 톤으로 말하고, 장난처럼 웃으며, "그냥 농담이야"라고 덧붙인다 해도 그것은 여전히 무례다. 사랑의 이름으로 포장된 무례는 더 교묘하고 더 깊게 상처를 남긴다.

연인이 당신의 말을 무시하거나 비꼬는 태도를 보인다면 즉시 지적해야 한다. "지금 내 의견을 무시한 거 알아?", "그 말은 농담처럼 들리지만 이러저러해서 기분이 상했어." 감정을 폭발시키지 말고 차분하게 사실을 말해야 한다. 무례한 행동이 반복된다면, 패턴을 언급하라. "요즘 계속 이래. 내 말은 듣지 않고 비난하거나 무시하려고 해." 패턴을 자각시키는 것은 나와 남의 경계를 세우는 첫 단계다. 그다음에는 경고를 던져야 한다. "이런 말투나 행동이 반복되면 나 힘들어. 서로 존중하는 관계가 아니면 계속하기 어려워."

사랑은 감정이 아니라 존중의 언어로 증명되는 관계다. 당신이 불쾌한 행동을 지적했는데, 상대가 "너 예민하다", "농담도 못 받아들이냐"라고 되받아친다면, 그것은 이미 관계의 균형이 무너졌다는 신호다.

연인이 한 번의 실수로 무례하게 굴었다면 대화로 해결할 수 있다. 하지만 반복된다면, 그것은 실수가 아니라 실제 태도다. 그럴 때는 감정적 충동으로 싸우기보다, 이성적으로 대화하고 경고한 뒤, 그럼에도 변하지 않았다면 결단해야 한다.

사랑은 나를 지켜주는 관계이지 나를 깎아내리는 관계가 아니다. 무례한 연인을 참는 건 상대를 지키는 게 아니라 스스로를 학대하는 일이다. 당신이 진정으로 지켜야 할 사람은 그가 아니라 당신 자신이다.

참는 건 미덕이 아니다

많은 사람들이 참는 일을 미덕으로 생각한다. "어른스럽게", "너그럽게", "관대하게"라는 말을 중요하게 생각한다. 그러나 이를 쉽게 받아들여서는 안 된다. 무례함을 참는 건 어른스러운 일이 아니며, 자기 학대다. 당신이 대응하지 않으면 상대는 배우지 못한다. 다른 이들에게도 계속 무례하게 굴 것이다. 당신이 무례함을 차단하면 그 사람은 다른 사람에게 함부로 하지 못한다. 당신의 대응이 다른 사람들을 보호하는 것이기도 하다.

더 이상 참지 마라. 즉시, 냉정하면서도 효과적으로 대응하라. 감정 없이 사실만을 지적하고 질문으로 압박하며 경계를 명확히 그어라. 공개적으로 대응하며 증거를 남겨라.

당신은 무례하게 대해도 되는 사람이 아니다. 그걸 상대에게 알려줘야 한다. 말로. 행동으로. 명확하게.

무례한 사람은 강한 사람을 건드리지 않는다. 당신이 강한 사람임을 보여줘라. 한 번이면 충분하다. 제대로 대응하면 다시는 함부로 하지 않는다. 그리고 기억하라. 무례함을 차단하는 건 공격이 아니며 자기 보호다. 나의 존중받을 권리를 지키는 것이다. 당신한테는 그 권리가 있다.

상대의 무례함은 참는 순간 습관이 된다.

자가진단 체크리스트

"나는 무례함에 즉시 대응하는가, 늦게 후회하는가?"

아래 문항 중 자신에게 해당하는 항목을 체크하라.
7개 이상이면 당신은 '소극형(Passive Type)',
3개 이하라면 '통제형(Assertive Defender)'이다.

- ☐ 누가 나를 무시해도 상황을 망치기 싫어 참는다.
- ☐ '괜히 문제 키우지 말자'라는 생각이 먼저 든다.
- ☐ 무례한 말을 듣고 나서 집에 와서야 화가 난다.
- ☐ 반박하면 '예민한 사람'으로 보일까 두렵다.
- ☐ 웃으며 넘기면 좋은 사람처럼 보일 거라 믿는다.
- ☐ 누군가 내 말을 끊으면 그냥 기다린다.
- ☐ 반말, 비아냥, 빈정거림을 '농담이겠지'라며 넘긴다.
- ☐ 무례한 사람을 피하기만 한다.
- ☐ 불쾌했지만 "괜찮아요"라고 말한 적이 있다.
- ☐ 무례한 상황을 떠올리면 '그때 왜 말 못했을까' 자책한다.

결과 해석

통제형 · 균형형 · 소극형

0~3개 **통제형(Assertive Defender)**

무례함을 '사건'이 아니라 상대가 나에게 던지는 '시험' 또는 '테스트'로 본다. 감정이 아니라 원칙으로 대응한다. 상대는 당신을 시험하다가 포기한다.

4~6개 **균형형(Adaptive Type)**

상황에 따라 대응 강도가 달라진다. 하지만 반응하는 타이밍이 느리다. 순간의 감정을 다스리느라 대응의 기회를 놓치고는 한다.

7개 이상 **소극형(Passive Type)**

무례에는 감정으로 반응한다. 그래서 순간적으로는 참고, 뒤늦게 폭발한다. 그로 인해 또다시 상대에게 말려든다.

3장

절대로 피해야만 하는
두 가지 유형

독은 천천히 퍼진다

어떤 사람들은 당신을 서서히 망가뜨린다. 하버드대 연구진은 14년 동안 1만 4천 명이 넘는 직장인을 추적했다. 결과는 단 하나의 결론을 가리켰다. 무례함은 감정의 문제이면서 동시에 생산성의 문제라는 것. 무례한 사람과 함께 일한 직원의 66%가 성과가 떨어졌다고 답했고, 절반 가까이는 일부러 노력의 강도를 낮췄다. 10명 중 8명은 조직에 대한 헌신이 사라졌다고 했다. 무례한 한 사람이 전체 팀의 에너지를 빼앗은 것이다.

겉으로는 사소한 말투, 짜증 섞인 한마디, 무시하는 표정으로 시작된다. 하지만 이런 작은 독은 매일 조금씩 퍼져

팀의 신뢰를 무너뜨리고 집중력을 갉아먹는다. 결국 사람들은 회의에서 말을 아끼고 서로를 피하며 일을 '적당히' 하게 된다. 독은 느리게 번지지만 한번 퍼지면 회복이 어렵다.

이건 직장만의 이야기가 아니다. 인간관계에서도 똑같다. 냉소적이고 비난이 습관인 사람, 타인의 실수를 즐기는 사람은 당신의 마음속 에너지를 조금씩 잠식한다. 처음엔 대수롭지 않아 보여도 어느 순간 삶 전체가 피로해진다. 그래서 독한 사람은 초기에 차단해야 한다. 그들은 폭발하지 않는다. 대신 조용하면서도 꾸준히 당신을 소모시킨다.

처음엔 모른다. 좋은 사람인 것 같다. 친절하기도 하고 재밌기도 하며 때로는 의지가 되기도 한다. 하지만 시간이 지나면서 이상함을 느낀 당신은 불안을 느낀다. 자신감이 떨어지고 항상 뭔가 잘못한 것 같다. 관계를 끝내고 나서야 그 사람이 문제였다는 점을 깨닫게 된다. 하지만 그때는 이미 늦었다. 시간을 낭비하고 에너지를 소진했다. 정신적으로 피폐해졌다. 회복하는 데 몇 달, 때로는 몇 년이 걸린다.

무조건 피해야 할 두 가지 부류의 인간들이 있다. 이들을 빠르게 발견하고 관계를 끊어야 한다. 빠르면 빠를수록 좋다. 정이 들기 전에, 의존하기 전에, 망가지기 전에 발견하고 관계를 끊어야 한다.

유형1: 먼저 자극해놓고 반응을 탓하는 사람

이들은 조용히 판을 짠다. 무례한 말을 던지고 약점을 건드리며 과거를 들춘다. 당신의 감정을 시험한다. 놀라운 건 그 모든 행동이 우연이 아니라는 것이다. 그들은 알고 있다. 어떤 말에 당신이 상처받는지, 어떤 순간에 당신이 무너지는지. 의도적으로 던진다. 당신이 반응하길 기다린다.

처음에는 참아보려고 하지만 결국에는 터지게 되어 있다. 당신은 화를 낸다. 목소리가 높아진다. 표정이 굳는다. 그 순간, 판이 뒤집힌다. 상대는 아무 일도 없었다는 듯 태연하게 말한다. "왜 그렇게 예민하게 굴어?" "그 정도 말에 화를 내?" "내가 뭐 그렇게 큰 잘못을 했다고?" 본인의 행동은 쏙 빼고 당신의 반응만 문제 삼는다.

주변 사람들은 과정이 아니라 결과를 본다. 누가 먼저 자극했는지는 모른다. 단지 누가 화를 냈는지만 기억한다. 그래서 당신이 이상한 사람처럼 보인다. 당신만 감정적인 사람, 예민한 사람, 문제를 만든 사람으로 남는다. 가해자가 피해자를 자극해 폭발하게 만든 뒤 그 반응을 근거로 "저 사람이 문제다"라고 심리적 조작을 가한다. 교묘하면서도 증거가 남지 않는다. 피해자는 분명 상처를 받았는데 결과적으로 거꾸로 가해자 역할을 떠안는다.

이들은 싸움을 좋아하지 않는다. 대신 당신에게 일방적인 피해를 입은 것처럼 행동한다. 이 행동 패턴을 알아야 한다. 의도된 자극에 함부로 반응해서는 안 된다. 말 대신 침묵으로 거리를 둬라. 당신이 반응하지 않으면 그들의 게임은 성립되지 않는다.

당신을 이상하게 보이게 만드는 것

이들의 목표는 단 하나다. 당신을 이상한 사람으로 만드는 것이다. 그 순간부터 당신이 뭘 하려 해도 아무것도 할 수 없다. 당신의 말은 신뢰를 잃고, 행동은 과장되어 보인다. "저 사람은 원래 예민해", "또 과민반응하네." 주변 사람들은 그렇게 속삭인다. 상대가 어떤 짓을 해도 문제는 늘 당신 쪽이 된다.

이런 프레임을 만들어두면 상대는 늘 안전하다. 이제

당신을 얼마든지 조롱하고 무시하면서 비꼴 수 있다. 당신이 반응하면 "또 시작이네"라며 피곤한 사람으로 몰고 간다. 반응하지 않으면 계속 자극한다. 결국 당신은 어느 쪽으로도 움직일 수 없는 함정에 빠진다. 이것은 갈등이라고 부를 수 없고 통제라고 불러야 한다. 그들은 당신의 감정과 반응을 이용해 권력을 얻는다.

시간이 지나면 더 깊은 문제가 생긴다. 당신은 스스로를 의심하기 시작한다. '내가 정말 예민한 걸까?', '내가 너무 과민하게 구는 걸까?' 그 순간, 이들의 전략은 완성된 것이다. 자신감은 무너지고 판단은 흐려진다. 당신은 상대의 시선에 갇히고, 점점 그들의 기준에 맞춰 행동하기 시작한다. "내가 문제일지도 모른다"라는 생각이 뿌리내리면, 그들은 완벽히 통제권을 잡는다.

이런 관계에 장기간 노출된 사람은 우울, 불안, 무력감 같은 증상을 보이기 쉽다. 심리적 에너지가 고갈되어 스스로를 방어할 힘이 줄어든다. 결국 피해자는 문제의 원인이 자신에게 있다고 믿게 된다. 하지만 진짜 문제는 자극한 그들이다. 그들은 처음부터 당신을 혼란스럽게 만들고, 스스로를 의심하게 만드는 것을 목적으로 한다.

이 패턴과 전략을 알고 대비해야 말려들지 않을 수 있다. 그들이 당신의 반응을 먹고사는 존재라면, 당신이 반응하지 않는 순간 그들의 첫 번째 전략이 무너진다. 이상하게 보이는 사람이 되지도 말아야 하고 이상하게 보이게 만들려는 사람도 멀리해야 한다. 그것이 이 부류의 사람들에게서 벗어나는 첫 번째 방법이다.

조기 신호를 읽어라

이런 사람들은 관계 초반에는 절대 본모습을 드러내지 않는다. 처음엔 매너 있고 친절하며 유머러스하다. 하지만 시간이 지나면 조금씩 본색이 보인다. 그러나 대응을 준비할 단서가 전혀 없는 것은 아니며, 이들은 신호를 남긴다. 그 신호를 빨리 읽어야 한다.

먼저 이들은 작은 자극을 반복한다. "농담인데 왜 그래", "장난이잖아" 같은 말을 자주 던진다. 물론 처음엔 진짜 농담처럼 들린다. 하지만 반복하며 계속 같은 부분, 당신이 아파하고 싫어하는 부분을 건드린다. 당신이 싫어하는 걸 알면서도 일부러 웃으며 던진다. 농담이라는 핑계로 나에 대한 공격을 웃음으로 포장하려 한다.

이들에 대한 대응을 준비하지 못했다면 누구든 간에 슬슬 짜증이 나기 시작할 것이다. 어느 날 도저히 참다 못해 당신이 화내면 그들은 놀란 척한다. "그렇게까지 화낼 일은 아니잖아", "혹시 내가 뭐 잘못했어?" 본인이 던진 말은 잊은 척하고 당신의 반응만 문제 삼는다. 상황이 완전히 뒤바뀐다. 당신은 상처받은 사람이 아니라 과잉 반응한 사람으로 보인다.

또한 이들은 당신이 없는 자리에서 평판을 깎는다. "요즘 너무 예민하더라", "괜히 예전 같지 않아" 이렇게 말하면서 당신의 이미지를 바꿔 놓는다. 나중에 당신이 문제를 제기하면 주변 사람들은 이미 믿을 준비가 되어 있지 않다. "이 사람이 또…"라는 말이 따라온다.

마지막으로 이들은 사과하지 않는다. 설령 사과하더라도 "네가 그렇게 느꼈다면 미안해"라고 말한다. 사과처럼 들리지만 실은 책임 회피다. 잘못을 인정하지 않고 결국은 당신만 문제를 만든 사람으로 취급한다.

이 네 가지 신호가 모두 보인다면 관계를 유지하려고

애쓰지 마라. 이런 사람은 변하지 않으며 오히려 갈수록 더 교묘해진다. 이런 초기 신호를 무시하고 관계를 깊이 맺을수록 정서적 피해가 커지고 회복이 더디다.

중요한 건 빨리 알아차리는 것이다. 그들은 당신의 반응을 먹고산다. 처음 웃으며 던진 농담 속에 이미 독이 섞여 있다. 가볍게 넘기지 마라. 작은 불편함이 반복된다면 그것이 신호이고 답이다. 이상하다고 느낄 때, 후회하는 마음이 들었을 때는 이미 늦었다. 조짐이 있을 때 바로 멈춰야 한다.

유형2: 가해자인데 피해자 행세를 하는 사람

이들은 첫 번째 부류보다 더 위험하다. 첫 번째 부류는 음험한 술책을 사용하는 분위기를 풍기지만 두 번째 부류는 보다 자연스럽다. 이들은 겉으로만 약해 보일 뿐으로 실은 감정 조작에 능하다. 잘못은 자신이 한다. 약속을 어기고 거짓말을 하며 배신도 하는 등 상처를 준다. 당신이 따지고 묻는 것은 당연한 반응이다. 그런데 그 순간, 그들이 운다. "나도 힘들었어", "그럴 수밖에 없었어", "넌 내 상황을 몰라."

눈물은 빠르다. 사과보다 먼저 나온다. 불쌍해 보이고, 흔들린다. 피해자인 것처럼 보인다. 그리고 이상하게도 당신이 가해자가 된 느낌이 든다.

혼란이 밀려온다. '내가 너무 몰아붙였나?', '저 사람도 나름 이유가 있었겠지.' 죄책감을 느낄 수밖에 없도록 그들이 상황을 만들고 결국 당신은 사과한다. 잘못은 그들이 했는데 책임은 당신이 진다. 이것이 그들의 방식이다. 피해자 행세로 책임을 회피한다. 결코 잘못을 인정하지 않는다. 감정으로 상황을 덮는다.

이들이 피해자 역할에 집착하는 이유는 단순히 책임을 피하고 싶어서가 아니다. 통제감을 되찾기 위한 방어기제다. 자신이 가해자라는 사실을 인정하는 순간, 관계의 주도권을 잃는다고 느낀다. 그래서 감정을 이용해 상황을 다시 쥔다. 울고 불쌍한 척하며 과거의 상처를 꺼내 공감의 방향을 바꾼다. 이 순간 상대는 논리보다 감정에 반응하게 된다. 결국 누가 옳은가보다 누가 더 아픈가의 싸움으로 흐른다. 그게 그들이 노리는 구도다.

책임지지 않고 사과할 줄 모르는 대화 패턴

이들의 대화에는 공통된 패턴이 있다. 지적하면 화제를 돌린다. "그건 그렇고, 너는 지난번에…" 구체적으로 말하면 일반화한다. "너는 맨날 그래."

해결책을 제시하면 불가능하다고 말한다. "그건 안 돼. 넌 몰라." 사과를 요구하면 역공한다. "너나 사과해." 모든 대화가 방어와 회피로 흘러간다. 문제는 사라지고 감정만 남는다.

이들은 어떤 상황에서도 자신을 피해자로 만든다. 회사에서는 실수를 지적받으면 "요즘 스트레스가 심해서요", "제가 힘든 걸 아무도 몰라줘요"라고 말한다. 본인이 업무에서 저지른 실수는 절대 인정하지 않고, 본인이 얼마나 힘든지만 늘어놓는다.

연애를 할 때는 약속을 어겨놓고 당신이 서운하다고 말하면 "너는 내 입장을 몰라"라고 말한다. "내 입장은 생각 안 해?", "나도 바빴어" 같은 이야기를 한다.

마찬가지로 자신이 약속을 어긴 것은 신경 쓰지 않고, 이해해주지 못하는 당신이 잘못이라고 한다. 이런 사람이 친구라면 비밀을 퍼뜨려놓고 "나도 힘들어서 그랬어"와 같은 말을 늘어놓는다. 맥락은 다르지만 결말은 같다. 책임은 언제나 사라진다.

이들은 자기 행동의 결과를 감당할 능력이 없기 때문에 대신 외부로 탓을 돌린다.

이들의 공통점은 어떤 경우에도 사과할 줄을 모른다는 것이다. 정상적인 사람은 잘못을 인정한다. 구체적으로 잘못을 이야기하고, 다시는 반복하지 않으려고 노력한다. 하지만 이들은 끝까지 인정하지 않는다. "내가 뭘 잘못했는데?", "네가 잘못했잖아", "나한테 사과해야지" 같은 말들이 이들이 즐겨 사용하는 대화 패턴이다.

진심으로 사과하지 못하는 사람은 성장하지 않는다. 사과할 줄 모르고 자기 연민에만 빠져 피해자 행세하는 사람은 관계를 유지할 능력이 없다. 그들은 변하지 않는다. 고치려는 의지도 없다. 그래서 답은 단 하나다. 빠르게 관계를 끊어라. 이 관계를 지속할수록 회복 불가능한 상처만 입는다. 머물수록 당신만 무너진다.

그들은 당신을 망가뜨린다

 이 두 부류의 공통점은 명확하다. 책임을 지지 않는다. 첫 번째 부류는 자극해놓고 반응의 책임을 묻고 두 번째 부류는 잘못해놓고 피해자를 자처한다. 구조는 다르지만 결과는 같다. 모든 문제가 당신 탓이 된다. 판단이 흐려지고 스스로를 의심하며 말수가 준다. "내가 과한가?"라는 질문이 습관이 된다. 그 순간 이미 그들의 프레임 안에 들어간 것이다.

 심리적 에너지도 급속히 소모된다. 하루 동안의 생각 대부분을 그들을 해석하고 진정시키며 설명하는 데 쓴다. 일은 밀리고 집중도 잘 되지 않으며 결정은 늦어진다. 업무 성과가 떨어지고 대인 회피가 늘어난다. 몸은 긴장에 적응해버리고 마음은 작은 자극에도 크게 흔들린다. 우울과 불안, 무력감이 차례로 온다.

 부작용은 개인에 그치지 않는다. 이 관계는 다른 관계를 갉아먹는다. 가족과 친구에게 쓸 에너지가 사라지고 건강한 관계조차 의심하게 된다. "또 내가 문제일까?" 하는 과도한 자기검열이 퍼지며 안전한 사람들까지 멀어진다. 결국 사회적 지지가 약해져 회복력이 떨어진다. 이렇듯 다른 인간관계가 건강하지 못할 때 또다시 해로운 인간관계가 틈을 노리고 들어올 가능성이 더 커진다.

중요한 사실 하나. 이들은 고치려 하지 않는다. 설득과 교정은 효과가 없다. 당신이 더 노력할수록 더 깊게 빨려 들어간다. 그래서 대응의 목적은 치유가 아니라 보존이어야 한다. 내 에너지와 시간 계획, 나의 평정심을 지키는 것을 목적으로 삼아야 한다. 선을 분명히 그어 접점을 줄이며 필요하면 관계를 끝내야 한다. 빠를수록 손실이 적다.

마지막으로 기억하라. 이상하다고 느끼는 감각이 바로 경고다. 설명이 길어질수록 당신은 약해진다. 짧게 확인하고 짧게 거절하며 길게 멀어져라. 그들이 바꾸는 건 현실이 아니라 인식이다. 인식을 되찾는 순간, 관계는 더 이상 당신을 망가뜨릴 수 없다. 당신은 보호받아야 할 사람이다.

당신은 그들을 구원할 수 없다

많은 사람들이 이렇게 착각한다. '내가 도와주면 바뀔 거야'

또는 '내가 이해해주면 나아질 거야' 하고. 하지만 아니다. 당신이 아무리 잘해줘도 그들은 바뀌지 않는다. 당신의 사랑은 그들의 병을 치유하지 못하고 당신의 인내로는 그들의 왜곡을 바로잡지 못한다. 변화는 오직 스스로 문제를 인식하고 바꾸려는 사람에게만 일어난다. 그러나 이런 사람들은 결코 스스로를 문제라고 인정하지 않는다. 그래서 변화도 없다.

결국 당신이 할 수 있는 일은 단 하나, 자신을 지키는 것뿐이다. 그들을 구원하려는 순간, 당신이 무너진다. 그게 패턴이다. 모든 희생은 결국 이해받지 못한 분노로 바뀌고 당신은 다시 그들의 탓 속에 갇힌다. 구하려 한 만큼 상처받는다. 그게 그들의 방식이며 수많은 피해자들이 걸어온 동일한 길이다.

이들을 바꾸려고 지나친 노력을 들이고 에너지를 소비하는 것은 옳지 못하다. 자신을 희생해 누군가를 구하려는 충동은 선의처럼 보이지만 결국 자신을 잃게 만든다. 구원은 당신이 할 일이 아니다. 건강한 사람은 상대를 바꾸려 하지 않는다. 지켜야 할 것은 그들보다 당신 자신이다.

이런 사람은 끊어라

 논쟁하지 마라. 설득하지 마라. 이해시키려 하지 마라. 소용없다. 이들은 바뀌지 않는다. 인정하지 않는다. 문제의 원인을 끝까지 당신에게 돌린다. "네가 예민해서", "네가 오해해서", "네가 이상해서." 대화는 탈출이나 해결이 아니라 또 다른 무대가 된다. 무대에 올라가서는 안 된다.

 원칙은 간단하다. 짧게 통보하고 바로 관계를 끊어야 한다. 설명은 빌미가 되며 이유가 장황할수록 상대는 이것을 공격의 재료로 사용한다. 문장은 한 줄이면 충분하다. "이 관계를 계속하기 어렵습니다. 연락하지 말아 주세요." 더 이상 말할 필요가 없다. 되묻거나 변명하게 두지 말고 바로 실행한다. 전화, 메신저, 이메일, SNS, 연결되는 모든 창을 닫아라. 미련을 남기면 그들은 그 틈으로 들어온다.

 마지막 행동을 예상하고 대비해야만 한다. "네가 왜 그러는지 말해봐", "너 진짜 변했다", "난 잘못 없다." 그들은 끝까지 같은 방식으로 당신을 자극하려고 할 것이다. 응답하려 해서는 안 된다. 필요한 문장은 반복 한 줄뿐이다.

"연락하지 말아 주세요."

공적 공간의 관리도 필요하다. 공통 지인에게는 최소한으로만 말한다. "맞지 않아서 거리를 두었습니다." 상세한 사연을 풀지 마라. 말은 돌고 돌아 무기가 된다. 상대에게 직접 하지 않은 말이어도 상대에게 해명해야만 하는 자리가 만들어질 수도 있다. 따라서 사연을 이야기하는 것도 안 된다. 직장처럼 회피가 어려운 환경이라면 개인적 접촉을 차단하고 업무 절차만 남겨라. 서면으로 기록을 남겨 필요한 내용만 주고받는다. 회의는 공개 채널, 지시는 이메일, 확인은 회의록. 철저히 행정적 소통 창구만 남긴다.

안전이 우선이다. 상대의 집착, 협박, 스토킹 징후가 보이면 즉시 기록을 모으고(날짜, 시간, 내용), 법적 보호 수단을 검토하라. 접근 금지, 신고, 시설 보안 협조 등 실무 절차를 먼저 생각한다. 감정적 결별 선언보다 증거와 절차가 당신을 지킨다.

관계를 끊겠다고 알린 뒤가 진짜 시작이다. 연락을 끊었는데도 마음이 흔들릴 수 있다. 그 흔들림은 관계의 중독성 때문이다. 스스로를 탓하지 마라. 규칙을 하나만 유지하면 된다. 어떤 경우에도 어떤 방식으로도 다시 연관될 일을 하지 않는 것이다. 차단을 해제하지 않고 설명을 추가하지 않는다. 그 시간에 생활 리듬을 회복하라. 잠, 식사, 운동, 일상 루틴. 에너지는 일상으로 돌아와서 비로소 회복된다.

핵심은 거리다. 멀어지면 선명해진다. 끊어야 보인다. "왜 그랬는가"를 파고드는 대신 "다시는 겪지 않겠다"를 선택하라. 해로운 관계의 정답은 치유가 아니라 종료다. 빠를수록 손실이 적다. 지금 끝내라. 그리고 돌아보지 마라. 당신은 보호받아야 할 사람이다.

새로운 관계를 조심하라

이 두 부류를 경험했다면 다음 관계를 조심하라. 같은 유형을 또 만날 수 있다. 익숙하기 때문에 무의식적으로 끌릴 수도 있다. 조기 신호를 놓쳐서는 안 된다. 작은 자극, 책임 회피, 피해자 행세, 진짜 사과의 부재. 이런 것들이 조금이라도 보이면 즉시 거리를 둬라. 정들기 전에. 의존하기 전에.

완벽한 사람은 없으며 모두 실수를 저지른다. 중요한 건 그 후의 태도다. 인정하는가, 사과하는가, 고치는가, 이런 것들을 보라. 말이 아니라 행동을 보라. 당신 곁에 누구를 둘지는 당신이 결정해야 한다. 독을 참고 견디지 마라. 끊어라. 당신의 정신건강이 그 무엇보다 중요하다.

관계를 잃는 것을 두려워하다
결국 자신을 잃는다.

자가진단 체크리스트

"나는 무례함에 즉시 대응하는가, 늦게 후회하는가?"

아래 문항 중 자신에게 해당하는 항목을 체크하라.
7개 이상이면 당신은 '피조종형(Emotional Prey)',
3개 이하라면 '주도형(Emotional Controller)'다.

- ☐ 누군가 힘든 이야기를 하면 도와줘야 한다는 의무감이 든다.
- ☐ "너밖에 없었어" "너는 이해해줄 줄 알았어"라는 말에 약하다.
- ☐ 부탁을 거절하면 죄책감이 든다.
- ☐ 상대의 감정이 불편해지면 내가 책임져야 할 것 같다.
- ☐ 늘 누군가의 문제를 해결해주는 역할을 맡는다.
- ☐ 도와준 뒤엔 이상하게 지치고 허무하다.
- ☐ 불편한 사람인데도 '착하게 보여야 한다'는 생각이 든다.
- ☐ 상대가 힘들어할 때, 내 감정보다 그 사람 기분이 더 중요해진다.
- ☐ "그 사람도 사정이 있겠지"라며 나의 상처를 합리화한다.
- ☐ 감정적으로 소모되는 관계인데도 끊지 못한다.

결과 해석

주도형 · 균형형 · 피조종형

0~3개 **주도형(Emotional Controller)**

감정의 주도권을 쥐고 있다. 상대의 눈물이든 분노든, 판단 기준은 '내가 감당할 가치가 있는가'다. 공감은 하되 무리하면서까지 상대를 돕거나 참으려 하지 않는다.

4~6개 **균형형(Adaptive Type)**

공감 능력이 높고 따뜻하지만, 선의가 종종 이용당한다. '도와주는 것'과 '대신 살아주는 것'을 구분하라. 도움을 주되, 감정의 빚은 지지 말라.

7개 이상 **피조종형(Emotional Prey)**

감정에 끌려간다. 상대의 불행에 책임감을 느끼고, 조종자의 연민 전략에 걸려든다. 좋은 사람이 되려 할수록 표적이 된다. 상대를 도와줄 때마다 에너지가 빠진다면, 착취당하는 인간관계다.

4장

떠도는 소문 가운데서 나를 지키는 방법

소문을 내는 것은 인간의 본성이다

소문은 조용히 퍼지지만 한 조직과 관계를 내부에서부터 서서히 무너뜨린다. 누군가의 작은 실수를 과장하거나, 근거 없는 추측을 덧붙이는 식으로 만들어진 소문은 정보의 탈을 쓴 감정의 발화다. 그 안에는 불안, 질투, 불만, 인정 욕구가 뒤섞여 있다.

심리학자 고든 올포트는 "소문은 중요성과 모호성의 곱"이라 했다. 즉, 사람들이 불확실하고 불안할수록, 그리고 그것이 자기에게 중요하다고 느낄수록 소문은 빠르고 크게 퍼진다. 조직에서, 학교에서, 심지어 친구 사이에서도 마찬가지다. 공식적인 소통이 막히고 신뢰가 낮을수록,

소문은 대체 정보로 등장해 관계를 잠식한다.

문제는 소문이 만들어지고 퍼질 때 인간의 뇌가 긍정적인 소문보다 부정적인 소문에 더 민감하게 반응한다는 점이다. 우리는 좋은 소식보다 나쁜 소식에 더 빨리 주목하고 더 오래 기억하며 더 강하게 반응한다. 진화적으로 보면 당연한 일이다. 생존을 위해 위험 신호에 더 예민해야 했기 때문이다. 그래서 좋은 일보다 나쁜 일이 더 쉽게 입에서 입으로 전해진다.

여기에 확증 편향 confirmation bias 까지 더해지면 소문은 걷잡을 수 없이 커진다. 확증 편향이란 사람들이 자신이 믿고 싶은 이야기, 혹은 기존의 생각과 맞아떨어지는 정보만 받아들이는 현상이다. 결과적으로 소문은 사실이 아니라 믿음을 퍼뜨리는 도구가 된다.

조직 안에서도 소문은 비슷한 원리로 움직인다. 회사에서 공식적인 소통이 부족하거나 경영진에 대한 불신이 높을 때, 비공식적인 정보망이 활성화된다. 누군가의 한마디가 회의실을 거쳐 복도와 사무실을 돌고, 결국 모두가 "그럴지도 몰라"라고 믿게 된다. 흥미로운 점은, 이런 소문이 단순한 헛소문이 아니라 조직의 불안 수준을 반영하는 심리적 지표라는 것이다. 신뢰가 낮고 정보가 불투명할수록 소문은 커진다. 반대로 리더가 투명하게 의사소통하고 직원들이 충분한 정보를 공유받을 때 소문은 자연스럽게 줄어든다.

소문은 전염병처럼 인간관계를 침식한다

커뮤니케이션 이론에서는 소문의 확산을 정보 전염병 모델 information epidemic model 로 설명한다. 한 사람이 새로운 정보를 '감염'되듯 받아들이고, 다른 사람에게 '전파'한다. 시간이 지나면 일부는 '면역'을 얻거나 흥미를 잃고 소문은 사라진다. 흥미로운 점은 소문이 단순히 가까운 사람들 사이에서만 퍼지는 게 아니라는 것이다. 친밀한 관계는 신뢰를 통해 소문을 강화하고 가벼운 관계는 소문을 집단 밖으로 퍼뜨리는 통로가 된다. 이렇게 소문은 한 조직, 한 마을, 심지어 한 사회 전체로 확산된다.

이 과정에서 정보는 조금씩 변형된다. 한 사람을 거칠 때마다 내용이 단순화되고 일부는 강조되기도 하며 어떤 부분은 아예 사라진다. 이를 사회심리학에서는 정보 왜곡 serial reproduction이라 부른다. 결국 원래의 사실은 희미해지고 사람들의 감정이 덧입혀진 이야기만 남는다. 소문은 언제나 남의 이야기로 시작하지만, 결국 언젠가는 나의 이야기로 돌아온다. 문제는 이런 소문이 단순한 이야기로 끝나지 않는다는 점이다. 소문은 곧 관계의 질서를 결정하는 신호체계가 된다.

소문에 일일이 해명하려 들면 그 자체가 소문을 확증하는 신호가 된다. 반대로 아무 말도 하지 않으면, 사람들은 '뭔가 있나 보다' 하고 상상으로 빈자리를 채운다. 소문의 주인공이 되는 순간, 사람들은 당신을 보이지 않는 선 밖으로 밀어낸다. 점심 약속에서 이름이 빠지고 대화방에서 태그가 줄어든다. 집단은 소문을 근거로 사회적 배제에 정당성을 부여한다. 그 결과 내 편이 줄어들고 고립감은 커진다. 뇌는 이런 배제를 신체적 통증과 유사하게 처리한다는 연구가 말해주듯 아픈 건 마음뿐이 아니게 된다. 인간관계의 자본이 빠르게 소모되고, 신체적 통증까지 유발하기도 한다.

관계적 신뢰는 소문에 잠식되어 무너진다. 부정적 정보에 더 끌리는 우리의 편향 때문에 한 번 금 간 신뢰는 쉽게 복구되지 않는다. 동료든 친구든 연인이든 가족이든

"혹시?"라는 생각에 거리를 둔다. 낙인은 이 틈새로 들어온다. 한 번 붙은 꼬리표는 상호작용을 바꾸고, 바뀐 상호작용은 다시 꼬리표를 강화한다. 사회적 낙인은 '붙은 것'이 아니라 '작동하는 것'이다. 반복 노출된 거짓이 진실로 굳어진다. 사람들은 익숙함을 진실로 착각한다.

장기전이 되면 몸과 마음이 동시에 무너진다. 통제할 수 없는 사회적 공격은 만성 스트레스를 일으키고, 코르티솔의 과다 분비는 양질의 수면을 방해하고 면역력을 떨어뜨린다. 머리는 둔해지고 사소한 피곤이 삶 전반의 무력감으로 번진다. "나는 그런 사람이 아닌데"라는 항변이 "나는 원래 그런 사람인가"라는 자기 비난 루프로 뒤틀리는 데는 오래 걸리지 않는다. 결국 소문은 관계만 해치지 않는다. 자기 자신을 바라보는 방식까지 바꿔 놓는다.

이렇듯 소문이 개인에게 불러일으키는 피해는 막대하지만, 소문은 쉽게 막을 수 없다. 그러나 휘둘리지 않을 수는 있다. 당신이 통제할 수 없는 말보다, 통제할 수 있는 행동에 집중하라. 그게 바로 떠도는 소문 속에서도 나를 지키는 가장 확실한 방법이다. 이제 그 방법을 자세히 알아볼 것이다.

남의 소문에 참여하지 말아야 한다

 소문 앞에서 우리가 보내는 신호가 곧 우리의 보험이다. 남의 험담에 고개를 끄덕이는 순간, 주변은 조용히 계산한다. '저 사람은 내 앞에서 남을 말하네. 내 뒤에서는 나를 말하겠지.' 반대로 확인되지 않은 이야기에 동조하지 않고 화제를 돌리는 사람은 이렇게 분류된다. '저 사람은 입이 무겁다. 내 이야기도 지켜줄 것이다.' 소문은 정보처럼 보이지만 사실은 신뢰의 거래다. 오늘 내가 남의 명예를 싸게 다루면 내일 누군가 내 명예도 싸게 다룬다.

 그러니 원칙을 정하라. 먼저 불확실한 이야기에는 참여하지 말아야 한다. "그건 제가 확인할 수 없는 이야기라 여기서는 말하지 않겠습니다." 둘째, 사실과 출처를 확인한다. "그 내용은 어디서 들으셨나요?" 셋째, 필요하다고 생각할 때는 당사자에게 연결한다. "그 문제는 A님과 직접 확인해보시죠. 필요하면 제가 함께 있겠습니다." 이 세 문장만으로도 당신의 위치는 달라진다. 순간의 유대감은 잃을 수 있지만 장기적인 신뢰는 얻는다.

이 태도는 남들이 내 소문을 다루는 방식을 미리 결정한다. 평소 험담을 거부하고, 사실과 공식 경로를 중시한 사람에게 소문이 붙어도, 주변은 자동으로 브레이크를 건다. "그 사람은 그런 스타일이 아니야. 확인부터 해보자." 당신이 남의 소문에 어떻게 행동했는지가, 위기 때 당신을 지켜주는 첫 번째 방화벽이 된다.

모든 신호에 반응하지 말고 선별적으로 답하라

소문은 불이 아니라 연기다. 바람을 일으키면 번지고 산소를 차단하면 꺼진다. 대부분의 사람은 본능적으로 그 연기를 걷어내려 한다. 해명하고 싶고 억울함을 풀고 싶다. 하지만 소문은 사실의 문제가 아니라 인식의 문제다. 사실로 인식을 정면으로 이기기는 어렵다. 오히려 해명은 새로운 불씨가 된다. "그렇게까지 해명하는 걸 보니, 진짜 뭔가 있나 봐." 사람들은 이유를 찾고 싶어 하고 해명은 그 욕구를 자극한다.

따라서 소문에 대응할 때 가장 중요한 원칙은 '모두에게 말하지 말라'이다. 모든 질문에 반응할 필요도, 모든 시선에 설명할 의무도 없다. 감정적인 반박은 변명으로 들리고 과도한 해명은 자백으로 오해받는다. 침묵은 도피가 아니라 전략이다. 추측과 평가에는 대꾸하지 말고, 사실을 묻는 질문에만 차분히 답하라. "그건 사실이 아닙니다. 근거는 여기 있습니다." 이 한 문장이면 충분하다. 말은 짧고 톤은 낮추며 정보는 명확하게 전달해야 한다. 설명이 길어질수록 소문은 새로운 이야기로 재활용된다.

중요한 건 누구에게 말할지를 고르는 일이다. 선별적 답변은 모두에게 하는 공지가 아니라 필요한 사람에게만 전하는 사실 확인이다. 직접 묻는 사람에게는 단호히 "그건 사실이 아닙니다"라고 밝히되 그 외에는 말하지 않는다. 대신 이렇게 덧붙여라. "혹시 이 얘기를 들은 다른 분이 여쭤보시면 제가 전한 내용 그대로 알려주세요." 그 한 문장이 전달 경로를 정화한다. 말 한 번으로 소문이 사라지지는 않지만 불필요한 증폭은 막을 수 있다.

진정한 대응은 말의 양이 아니라 말의 질에 있다. 말이 많을수록 억울함은 커지고 신뢰는 줄어든다. 말을 아끼되 나올 때는 정확해야 한다. 조용하지만 명확한 대응이 결국 나를 지키는 가장 단단한 방패가 된다. 침묵으로 감정을 다스리고 말로는 사실만 남겨라. 그것이 소문 속에서도 흔들리지 않는 사람의 방식이다.

조기에 공식적으로 대응하라

선별적으로 답하라는 말은 아무 데서나 말하지 말라는 뜻이지 아무 데에도 말하지 말라는 뜻이 아니다. 소문은 초기에 흐름을 잡아야 한다. 개인적인 공간에서는 침묵을 지키고 짧은 사실을 확인해주어 불씨를 꺼라. 그러나 조직의 업무, 평판, 규정이 걸린 문제라면 초기에 문제가 감지되었을 때 공식 채널에서 정정하라. 이 둘은 충돌하지 않는다. 같은 원칙을 서로 다른 무대에 적용하는 것뿐이다.

원칙은 간단하다. 초기부터 공식적으로 기록하여 공유한다. 그냥 두면 사라질 것이라는 기대는 거의 이뤄지지 않는다. 2차, 3차 변종 소문이 만들어지기 전에 사실관계와 증빙을 묶어 한 번에 정리해야만 한다. 직장이라면 회의, 직속 상사, HR, 기타 채널 등 정식 루트에서 해결해야 한다.

공개가 필요한 순간엔 분명하게 행동하라. 회의에서 내가 올린 기획안이 이름이 빠진 채 상사의 아이디어로 포장되어 발표가 진행된다거나, 내 책임이 아닌 사항이 나의 실수로 기록된다면 즉시 정정해야만 한다. 길게 항변할 필요는 없다. 짧은 정정과 후속 기록 메일이 한 세트다. "금일 회의에서 기획안 소유권 표기 누락 건 정정 요청드렸습니다. 수정본 회람 부탁드립니다."

조기 대응에는 데드라인이 있다. 초기 48시간 안에 내부 정정 절차를 밟고 1주일 안에 외부 영향이 있는 산출물을 바로잡는 것이 좋다. 시간이 길어질수록 침묵은 묵인으로 해석된다. 반대로 신속한 공식 정정은 소문이 퍼지는 데 필요한 사람들의 확신을 빼앗는다. "이미 공식적으로 정리된 사안"이라는 한 줄이 사람들의 입을 멈춘다.

마지막으로 공식 대응은 대가를 동반해야 효과가 있다. 정정만 요청하지 말고 구체 행동을 요구하라. "팀 공지 재발송", "회의록 수정", "외부 채널 정정 공지", "소통 오류 재발 방지 프로세스 합의". 가능하면 책임자 확인까지 받아 둔다. 누군가의 악의가 아니더라도, 시스템이 소문을 이기도록 설계를 바꾸는 것이다.

요약하면 뒤에서는 침묵하면서도 선별적으로 답변을 하여 소문을 굶기면서 잠잠하게 만들어야 하며 앞에서는 빠르고 공식적인 정정으로 소문의 방향을 바꿔야 한다. 무대가 다르면 대사도 달라야 한다. 이것이 소문을 키우지 않으면서도 필요한 순간엔 단호하게 방향을 바로잡는 방법이다.

신뢰할 수 있는 동맹을 확보하라

소문은 고립을 먹고 자란다. 그래서 가장 먼저 해야 할 일은 혼자가 되지 않는 것이다. 믿을 수 있는 2-3명을 정해라. 기준은 간단하다. 입이 무겁고 상황 판단이 빠르며 당신의 성과를 실제로 본 사람. 즉 당신의 평판을 추측이 아니라 사실로 말해줄 수 있는 사람들이다. 팀 동료, 다른 부서의 동료, 상위 라인 등, 서로 다른 위치에서 같은 메시지를 확인해 줄 수 있도록 포지션을 분산시키는 편이 안전하다. 이것이 당신의 작은 신뢰 네트워크다.

동맹을 뽑았으면, 짧게 브리핑하라. 감정은 빼고 사실만 전하는 것이 중요하다. "제 사생활에 관한 근거 없는 이야기가 돌고 있어요. 사실이 아닙니다. 혹시 들리면 '업무적으로 함께 일하는데 사실과 다르다' 정도만 정정해주시면 감사하겠습니다." 이때 두 가지를 약속하라. 첫째, 그들을 방패로 내세우지 않겠다는 약속. 둘째, 같은 수준의 도움을 되갚겠다는 약속. 신뢰는 공짜가 아니다.

동맹에는 역할을 나눠야 한다. 한 명은 관찰자다. 회의, 메신저, 복도에서 어떤 이야기들이 오가는지 조용히 신호를 모을 수 있다. 한 명은 증언자다. 누군가가 소문을 사실로 착각할 때 같이 일해본 사람으로서 사실과 다르다고 단문으로 정정한다. 필요할 때 상사, HR과 당신을 연결해 초기 사실확인 창구를 열어줄 사람도 필요하다. 이 셋이면, 소문이 커지기 전에 연료를 차단하고, 커지더라도 공식 경로로 전환시킬 수 있다.

원칙도 세워라. 첫째, 동맹과는 "사실만 공유, 해석은 금지". 해석이 섞이면 그 자체가 새 이야기거리가 된다. 둘째, "대신 싸우지 않는다". 동맹은 확성기가 아니라 필터다. 과열된 논쟁에는 들어가지 않고, 단문 정정 후 대화를 종료한다. 셋째, "기록을 남긴다". 동맹이 관찰한 핵심 신호는 날짜,

상황, 채널만 메모로 남겨 두어라. 필요 시 HR에 제출할 최소한의 타임라인이 된다. 이 세 가지가 동맹을 소문 유통망이 아니라 소문 차단막으로 만든다.

마지막으로 동맹을 관리하라. 커피 한 잔의 시간이라도 만들어 당신이 동맹자들에게 기대는 지점을 다시 확인시켜주어야 한다. 고마움은 즉시 표현하고 그들이 겪는 문제에는 같은 방식으로 서포트하라. 신뢰는 두껍게 쌓을수록 튼튼해진다. 배신이 발생했다면 조용히 관계를 접고 기록을 갖춘 뒤 공식 절차로 넘겨라. 소문은 혼자선 막기 어렵다. 그러나 작은 동맹이 있으면 퍼지는 속도보다 빠르게 방향을 바꿀 수 있다. 당신의 명예는 결국 옆에 서 있는 누군가가 함께 지켜준다.

소문이 가라앉는 동안 해야 할 일

불을 껐으면 재를 밟지 말고 회복에 들어가라. 이 시간에 무엇을 하느냐가 이후의 평판을 결정한다.

첫째, 당신을 먼저 돌봐라. 소문은 에너지를 빨아먹는다.

소문에 신경 쓰는 일을 줄이고 하루의 루틴을 더 중요시하라. 기본적인 수면, 식사, 운동이 스트레스로 저해받지 않도록 하라. 매일 30분, 땀을 내고, 물을 많이 마시고, 잠을 확보하라. 짧은 기록도 좋다. 뇌는 주의를 준 곳을 현실로 만든다. 억울함을 반복 재생하면 억울함이 현실이 되고, 루틴을 재생하면 안정이 현실이 된다. 남는 에너지는 보이는 성과에 투자하라. 마감, 숫자, 산출물. 소문을 지우는 지우개는 설명이 아니라 결과다.

둘째, 잊힘을 활용하라. 대부분의 소문은 초반에 반향이 크지만 시간이 지나면 자연스럽게 줄어든다. 이유는 단순하다. 사람들의 관심은 이동한다. 그러니 의도적으로 지루함 전략을 쓰자. 말수를 줄이고 메시지를 통일하여 일관된 행동만 남겨라. 새로운 해명, 추가 설명, 감정 토로는 모두 새 이슈다. 이슈가 없으면 드라마도 없다. 필요하면 잠시 물러서는 것도 전략이다. 외근, 재택, 연차를 활용해 노출 빈도를 낮추고 등장할 땐 항상 준비된 결과물과 차분한 태도로만 등장한다. 시간을 벌수록, 소문은 에너지를 잃는다. 당신이 할 일은 불씨를 추가하는 일이 아니라 연료를 차단하는 것이다.

셋째, 보복과 응징을 주저하지 마라. 여기서 말하는 보복은 유치한 맞불이 아니다. 대가를 명확히 보여주는 절차다. 경고, 시정 요구, 기록, 공식 신고, 법적 조치. 순서를 지키되 각 단계에 데드라인을 걸어라. 반복 유포자에게는 단호히 경고를 남길 수 있어야 한다. "지금 말씀은 사실과 다르고 제 명예를 훼손합니다. 이 대화는 기록으로 남깁니다." 필요한 경우, 내용 증명, 민사 또는 형사 절차로 넘어가라. 처음부터 참으면 참아도 되는 사람이 된다. 한 번의 단호함이 열 번의 변명보다 싸다. 응징의 목적은 앙갚음이 아니라 재발 방지다. 상대가 계산기를 두드리게 만들면 같은 일이 다시 일어나지 않는다.

몸을 안정시키고 입을 닫아 시간을 내 편으로 만들며 차갑게 움직여 대가를 치르게 하라.

나의 자산은 내가 지켜야 한다

소문은 당신의 허락 없이 생기지만 당신의 허락 없이는 오래가지 않는다. 세상이 뭐라 하든, 결국 남는 건 당신의 태도다. 누가 뭐라 해도 당신이 중심을 잡으면, 말은 흔들리고 당신은 남는다. 그러니 절대 수동적으로 당하지 마라. "시간이 해결하겠지"라는 말은 현실에서 가장 위험한 자기위안이다. 시간은 아무것도 해결하지 않는다. 행동이 해결한다.

당신의 평판은 누가 대신 지켜주지 않는다. 직접 지켜야 한다. 소문이 돌면 즉시 사실을 정리하고, 기록을 남기고, 필요하면 공식적으로 대응하라. 감정적으로 흔들리지 말고 논리적으로 싸워라. 억울함을 증명하려 하지 말고 사실을 쌓아라. 불공정한 상황에는 예의 바르게, 그러면서도 단호하게 응징하라. 한 번의 강력한 대응이 열 번의 침묵보다 강하다. 참으면 참을수록 사람들은 당신을 참아도 되는 사람으로 분류한다.

그리고 잊지 마라. 나약한 태도는 언제나 소문을 키운다. 조용히, 그러나 강하게 대응하라. 당신의 언어는 짧고 단단해야 한다. "그건 사실이 아닙니다", "그렇게 말씀하신 내용은 명예훼손에 해당됩니다." 이 두 문장만으로도 분위기는 바뀐다. 필요한 때엔 싸워라. 싸워야 지킬 수 있다.

결국 소문을 이기는 건 운이 아니라 내공이다. 당신의 내공은 침착함에서 나오고 침착함은 기록과 원칙에서 나온다. 무너뜨리려는 말보다 단단한 증거를 쥐고 흔들려는 시선보다 깊은 중심을 세워라. 소문은 타인의 입에서 태어나지만 신뢰는 당신의 행동에서 자란다. 오늘부터는 방관자가 아니라 당신 자신의 명예를 지키는 사람으로 서라. 당신의 평판은 그 어떤 말보다 오래간다.

평판과 인간관계는 나의 자산이다.
근거 없는 소문에 자산을 내어주지 마라.

실전 활용 사례: 떠도는 소문 가운데서 나를 지키기

친구 관계 – 친구들 사이에서 험담이 퍼질 때

상황 친구 모임에서 나에 대한 이상한 소문이 돌기 시작했다. "요즘 ○○가 일부러 연락 안 한다더라", "누구 험담했다더라."

전략 적용

- ☐ 사실을 기록한 것으로 대응하라.

    "그건 사실이 아니야. ○○날 내가 ○○랑 같이 있었어"처럼 사실만 남겨라.

- ☐ 설명 대신 행동으로 덮어라.

    소문은 관심이 먹이다. 침묵과 일상의 리듬으로 굶겨라.

- ☐ 핵심 인물 한 명을 동맹으로 세워라.

    신뢰할 수 있는 한 명에게 사실을 정확히 전달하라.

소문은 '대응'으로 멈추지 않는다.
사실을 남기고, 감정을 빼고,
신뢰를 한 줄로 묶을 때 조용히 꺼진다.

DARK PSYCHOLOGY

《 4부 》

더 원활한
주고받기의 기술

"미세한 심리를 읽는 순간,
관계의 흐름이 바뀐다"

TECHNIQUES FOR SMOOTHER INTERACTION

1장
상대의 비밀 캐내기

사람들은 말하고 싶어한다

비밀은 무겁다. 동료가 회사를 그만둘 계획이 있다. 친구가 누군가를 좋아한다. 거래처가 다른 업체와 접촉하고 있다. 연인이 과거에 숨긴 일이 있다. 그들은 당신에게 바로 털어놓지는 않지만 실은 말하고 싶어한다. 비밀을 혼자 간직하는 건 고통이기 때문이다. 심리학에서 이를 비밀의 인지부하 cognitive burden of secrets 라고 부른다. 비밀은 뇌의 작업 메모리를 계속 차지한다. 숨기려고 노력할수록 더 많은 에너지가 소모된다.

텍사스 대학 심리학자 제임스 페니베이커가 연구한 결과는 매우 인상적이다. 비밀을 간직한 사람들은 스트레스

호르몬 수치가 높았으며 면역 기능이 약화되었고 각종 질병으로 병원을 더 자주 찾았다. 페니베이커 교수는 비밀을 밝힌 그룹과 밝히지 않는 그룹을 비교하기 위해 실험군과 대조군을 설정했다. 한 그룹에는 남에게 자주 말하지 않았던 고통스러운 경험이나 트라우마와 관련된 억눌린 생각과 감정을 글로 쓰도록 지시했다. 대조군 그룹에서는 일상적인 글쓰기를 하게 하였고 두 그룹 모두 총 4일 동안 매일 15분씩 글쓰기를 했다.

차이는 컸다. 단 4일 동안 글쓰기로 비밀을 털어놓았을 뿐인 사람들은 글쓰기 이후 6개월 동안 병원에 1.04회 방문했다. 비밀을 털어놓지 않은 사람들은 평균 1.70회 방문했다. 혈액 채취를 통해 확인한 T-림프구 활성도 역시 비밀을 털어놓은 사람들이 유의미하게 더 높았다.

이처럼 비밀을 혼자 끌어 안고 있는 것은 고통이며, 사람들은 적절한 환경만 주어지면 비밀을 털어놓게 되어 있다. 당신이 할 일은 그 환경을 만드는 것이다. 정보 수집 전문가들은 고문하지 않는다. 위협하지도 않는다. 대신 상대가 스스로 말하고 싶게 만든다. 심리를 조작한다. 상황을 설계한다. 그러면 비밀이 흘러나온다.

오늘부터 당신도 그렇게 할 것이다.

안전지대를 만들어라

사람들이 비밀을 말하지 않는 이유는 두려워서다. 판단받을까봐, 이용당할까봐, 퍼뜨려질까봐. 이 두려움을 제거하면 말문이 열린다. 안전 신호는 간단하다. "이건 우리끼리만", "나도 비슷한 경험 있어" 같은 말들. 하지만 말만으로는 부족하다. 행동으로 증명해야 한다.

먼저 당신의 비밀을 공유하라. 작은 것부터. 당신이 약점을 보여주면 상대도 편해진다. '이 사람도 완벽하지 않구나. 나도 말해도 되겠다.' 심리학에서 이를 호혜적 자기개방 reciprocal self-disclosure이라고 부른다. 당신이 문을 열면 상대도 연다.

이는 심리학 실험으로도 알 수 있다. 심리학자 아서 아론 등은 낯선 두 사람이 서로 짝을 이루도록 하여 실험을 진행했다. 45분 동안 한 그룹에게는 서로 개인적인 질문을 번갈아 묻고 답하게 했다. 반대로 다른 그룹에게는 피상적인 질문만을 서로 묻고 답하도록 했다. 그 결과 개인적인 질문을 주고 받은 그룹이 서로에게 느낀 친밀감 척도 점수는 7점 만점에 3.48점, 그렇지 않은 그룹이 느낀 점수는 1.95점으로 유의미하게 차이를 보였다. 이렇게 쌓은 친밀감은 함께 지낸 시간이 아니라, 정보 교환의 질과 상호성으로 쌓은 것이다.

단, 당신이 먼저 공유하는 건 통제 가능한 비밀이어야 한다. 진짜 치명적인 약점을 주면 안 된다. 적당히 인간적으로 보이되 위험하지 않은 선에서. "나도 예전에 직장 그만두고 싶었던 적 있어"라는 정도면 충분하다. 상대는 이제 자기 퇴사 계획을 말할 준비가 된다. 이야기를 들은 뒤에는 절대 비밀을 지켜야 한다. 한 번이라도 퍼뜨리면 영원히 신뢰를 잃는다.

비밀을 알아내는 게 목표지만 지키는 것도 능력이다. 지키지 못하면 다음 비밀은 없다.

가정법으로 물어라

직접 물으면 원하는 정보를 얻을 수 없다. "너 혹시 이직 준비해?"라고 묻는 순간, 상대는 긴장하며 즉시 방어에 나선다. "아니, 왜?" 문이 닫히고 더 이상 캘 수 없다.

가정법을 쓰면 다르다. "만약 이직한다면 어떤 회사로 가고 싶어?" 이건 가정이다. 위협적이지 않으며 심심풀이처럼 들린다. 상대는 경계를 풀고 대답한다. "음, 스타트업도 괜찮을 것 같은데?" 이 순간 정보가 나왔다. 스타트업에 관심 있다는 것. 실제로 알아보고 있을 확률이 높다.

사람들은 가정을 사용한 질문에는 경계를 누그러뜨리고 솔직하게 답한다. '현실이 아니니까', '그냥 머릿속 생각이니까' 하고 생각한다. 하지만 실은 그 생각 속에 진실이 들어있다.

"만약 재계약 안 하면 어떻게 할 거야?"라고 물으면 상대는 이미 계획한 걸 말한다. "일단 휴식 좀 취하고……." 대답이 구체적이면 구체적일수록 알 수 있다. 이미 재계약하지 않을 것을 충분히 생각해보았다는 것을 말이다.

"수업에서 팀 과제를 같이 하게 된다면 누구랑 하고 싶어?" 이렇게 물으면, 친구가 누굴 신뢰하고 편하게 여기는지 알 수 있다. 어느 누구도 실력이 없거나 손발을 잘 맞출 수 없는 사람과 팀을 짜고 싶어하지 않는다. 대화를 잘 이어나가면 경우에 따라 단순한 신뢰가 아니라 개인적인 호감이 있었다는 점을 밝혀낼 수도 있다.

가정법은 우회 공략법이며 정면에서 직접 공격하지 않고

옆문을 노리는 것이다. 상대는 자기가 비밀을 말하고 있다는 걸 모른다. 그냥 한번 가볍게 상상해 보는 것으로 느낀다.

침묵으로 끌어내라

대부분 사람들은 질문하고 답을 듣고 바로 다음 말을 한다. 실은 비효율적인 말하기인데 사람들은 잘 모른다. 내가 말한 말보다 상대에게서 더 많은 이야기를 끌어내는 것이 효율적인 말하기다.

침묵을 활용해야 훨씬 많은 정보를 얻을 수 있으며, 이것은 거짓말을 밝혀낼 때도 앞서 활용했던 방법이다. 전략적 침묵을 사용하자. 대부분 사람들은 침묵을 견디지 못한다. 침묵은 불편하다. 어색하다. 채워야 한다. 그래서 결국은 입을 연다. "뭐, 그러니까……." 하는 말이 나왔다면, 기회를 놓치지 말고 상대를 부추겨야 한다. 처음엔 숨기려던 추가 정보들이 나오게 되어 있다.

"요즘 어때?"라는 것은 간단한 질문이다. 그러나 상대가 "괜찮아"라고 답한 뒤 침묵을 결합하면 다른 효과를 얻을 수 있다. 3초만 침묵하면서 상대의 눈을 보고 있자. 상대는 불편해진다. 괜찮다는 대답만으로는 부족하다는 느낌을 받고 더 이야기를 꺼낸다. "사실 요즘 일이 좀 많아서……." 진짜 이야기가 나오기 시작하는 것이다.

침묵은 압박이지만 공격적인 압박이 아니며 부드러운 압박이다. 상대는 공격당한다고 느끼지 않는다. 그냥 더 말해야 할 것 같다고 느낀다. 그래서 효과적이다. 단, 너무 오래 침묵하면 이상하다. 3-5초가 적당하며 그 이상은 어색해져 대화를 끊을 수 있다. 또 당연하지만 침묵할 때 딴짓을 하고 상대에게서 주의를 돌리면 안 된다. 온전히 상대를 봐야 한다. 관심 있다는 신호를 주면서 동시에 더 말하도록 압박하는 것이다.

단정하지 말고 추측하라

"너 요즘 스트레스 받는 것 같아." 이렇게 단정했는데 상대가 부인하면 대화는 끝나고 만다. "너 요즘 혹시 스트레스 받는 거 아니야?" 이렇게 단정이 아니라 추측으로 물으면 다르다.

상대는 긍정도 부정도 할 수 있으며 선택권이 있다고 느낀다. 그래서 더 솔직해진다. "음, 좀 그런 면도 있어."

추측은 단정보다 덜 위험하다. 내가 말한 것이 틀릴 수도 있지만 상대는 교정할 수 있고 대화는 계속된다. "스트레스까진 아니고, 그냥 피곤한 거야." 이것도 정보다. 피곤하다는 건 뭔가 많이 하고 있다는 뜻이며 거기서 더 파고들 수 있다.

사람들은 자기 상태를 타인이 '알아챈' 것처럼 느끼면 방어를 푼다. '이 사람은 날 이해하네' 하고 생각한다. 그래서 더 이야기를 풀어놓는다. "너 누군가 좋아하는 사람 있는 거 같은데?" 만약 친구가 좋아하는 사람이 있는데, 이런 이야기를 들었다면 잡아떼기 어려울 것이다. "아… 어떻게 알았어?"라며 인정하기 시작한다. 단정해서 물었으면 "아니야!"로 대화는 끝났을지도 모른다.

추측할 때는 70% 정도의 확신으로 말하라. 100% 확신하고 있는 태도로 말하면 틀렸을 때 수습하기 어렵다. "아닌 것 같기도 한데, 혹시…"처럼 여지를 남기는 것이 최선이다. 그러면 상대가 스스로 남은 부분을 채운다.

술자리를 활용하라

알코올은 전두엽 기능을 억제한다. 전두엽은 판단, 계획, 자제력을 담당한다. 술이 들어가면 이 기능이 약해진다. 사람들은 평소보다 솔직해져 숨기던 것을 말한다. 술자리는 정보 수집의 황금 시간대다.

연구에 따르면 사람들은 맨 정신일 때보다 술 마셨을 때 더 많은 개인 정보를 공유한다. 피 실험자가 혈중알코올농도 0.07%(소주 두세 잔을 한 시간 이내에 마신 정도)가 되도록 설정해 진행한 실험에서 실제로 사람들이 자발적으로 더 많은 정보를 공개한다는 사실이 드러났다. 특히 직장 불만, 연애 관계, 금전 문제 같은 민감한 주제에서 더 그렇다.

하지만 술자리를 활용하는 데도 기술이 필요하다. 상대만 취하게 만들면 안 된다. 당신도 함께 마시는 척해야 한다. 그래야 상대가 경계를 풀고 동료 의식을 느낀다. 실제로는 당신이 덜 마시면 된다. 속도를 조절하라. 상대가 두 잔 마실 때 당신은 한 잔 마셔라. 분위기를 맞춰가며 술자리 후반부를 노려야 한다. 초반에는 아직 이성이 작동하고 있다. 분위기가 달아오르며 취기가 올라야 진짜 속마음이 나온다. "사실은 말이야……." 이 말이 나오는 타이밍이다. 보통 술자리 시작 후 1시간 반에서 2시간 사이, 그때를 기다려라.

중요한 건 다음날이다. 상대가 "어제 내가 무슨 말 했어?"라고 물을 수도 있다. 여기서 두 가지 선택지가 있다. 정직하게 말하거나, "딱히 무슨 말 안 했는데?"라고 넘기거나. 상황에 따라 판단하라. 관계를 유지해야 한다면 모른 척 넘기는 게 낫다. 정보만 얻으면 되니까.

제3자를 이용하라

직접 물으면 경계하지만 제3자를 통하면 다르다. "김 대리가 너 요즘 힘들어 보인다던데?" 이렇게 말하면 상대는 김 대리에게 화가 나지, 당신에게는 주목하지 않는다. 그리고 해명하려고 말한다. "아 그게 아니라……." 그 과정에서 정보가 나온다. 김 대리에게 화살을 돌렸기에 얻을 수 있었던 정보다.

많은 이들이 놓치기 쉬운 오래된 정보 수집 기법이다.

직접 캐면 의심받지만 "누군가가 이렇게 말하던데"라고 하면 당신은 중립적 전달자처럼 보인다. "사람들이 네가 ㅇㅇ을 좋아한다고 소문이 돌더라." 친구에게 이렇게 말하면 부인하거나 인정할 것이다. 어느 쪽이든 답에서 그치지 않고 더 말하게 되어 있다. "누가 그래? 말도 안 돼. 잠깐 잘 맞는 건가 생각은 해봤는데……." 생각해봤다는 것 자체가 정보다.

제3자는 실존할 필요도 없다. 만들어내도 된다. "어디서 들었는데"라고만 해도 충분하다. 상대는 누군지 추궁하지 않는다. 소문 자체에 반응한다. 단, 이 기법은 조심해서 써야 한다. 너무 자주 사용하다가는 소문을 퍼뜨리는 사람으로 주변에서 인식하게 될 것이다. 가끔, 중요한 순간에 아무렇지도 않은 척 써보라.

선택지를 제시하라

"너 지금 힘들어?"라고 물었을 때 "아니"라고 대답하면 정보를 더 얻을 수 없다. 선택지를 주면 다르다. "너 지금 일 때문에 힘들어? 아니면 사람 때문에 힘들어?" 이렇게 물으면 상대는 둘 중 하나를 선택하게 되어 있다.

"음… 일보단 사람?" 정보가 나왔다. 이런 방식으로 선택을 유도하는 질문이 답변을 부른다. "그래" 또는 "아니"라고 대답해야 하는 닫힌 질문보다 정보 수집률이 높다. 현실적인 선택지 두 개를 상대가 모두 거부하기는 어렵기 때문에 대부분은 그냥 둘 중 하나를 택해 대답하게 되어 있다.

"너 이직 생각 있어?"가 아니라 "너 이직한다면 대기업으로 갈 것 같아, 아니면 스타트업?" 이렇게 물어야 한다. 상대가 "스타트업 쪽"이라고 답하면 이직을 생각하고 있으며 꽤 진지하게 고민하고 있다는 뜻이다. 생각을 해보지 않았다면 선택지에 없었다 해도 "아직 생각 안 해봤어"라고 말할 것이다.

선택지를 줄 때는 양쪽 다 가능한 옵션으로 줘야 한다. 한쪽이 터무니없으면 작동하지 않는다. "너 이직할 거야, 승진해서 대표 될 거야?"

현실적인 두 가지 옵션을 줘라. 그러면 상대는 자연스레 진지하게 고민하고 답한다.

타이밍을 노려라

같은 질문도 언제 하느냐에 따라 답이 다르다. 사람들은 피곤할 때 이성적 판단력이 약해지고 자기 방어가 허술해진다. 그래서 더 솔직해진다. 하루가 끝날 무렵, 회의가 끝나고 난 후, 운동 후, 긴 통화 끝에. 이럴 때 물어라.

"지금 괜찮아? 잠깐 얘기할 수 있어?" 퇴근 직전에 이렇게 물으면 상대는 에둘러 말할 에너지가 없다. 그래서 더 직설적인 답이 돌아온다. "사실 요즘 회사 때문에 고민이야."

반대로 기분 좋을 때도 효과적이다. 좋은 일이 있거나, 칭찬받거나, 성과를 냈을 때. 이럴 때는 개방적이다. "축하해! 근데 다음 계획은 뭐야?" 이렇게 물으면 미래 계획을 말한다. 평소보다 더 구체적인 대답을 들을 수 있다.

'타이밍'은 시간만의 문제가 아니라, 장소와도 관계가 있다. 사무실보다 카페에서, 카페보다 술자리에서, 술자리보다 걸으면서 이야기할 때 더 솔직하다. 시선이 직접 마주치지 않을 때 사람들은 더 편하게 말한다. 같이 걸으면서, 차 타고 가면서, 커피 타면서. 이럴 때 중요한 질문을 던져라.

거짓 공감으로 유도하라

진짜 공감하지 않아도 된다. 공감하는 척만 하면 된다. "나도 그런 적 있어", "정말 이해해" "나도 똑같아." 이런 말들은 상대의 경계를 풀어주고 나에게 동질감을 느끼도록 만든다. 상대는 혼자가 아니라는 생각을 하고 더 이야기를 풀어놓는다.

거래처 사람이 "요즘 상사 때문에 힘듭니다"라고 말한다. 당신은 "저도 그런 경험 있죠. 예전 직장서 비슷한 상사분을 만났는데 정말 힘들더라고요."라고 답하면 된다. 실제로 그런 경험이 없어도 상관없다. 중요한 건 공감받았다는 느낌이다. 상대는 이제 더 구체적으로 말할 것이다. 어떻게 힘든지, 무슨 일이 있었는지. 이렇게 당신은 거래처의 내부 사정을 일부 파악할 수 있게 될 것이다.

단, 공감은 짧게 해야 한다. 너무 길게 하면 당신 이야기가 된다. 초점이 당신한테 옮겨가면 정보를 노출하고 약점을 잡히는 것은 당신이 될 수 있다. 짧게 공감하고 바로 상대에게 이야기를 하도록 하라. "구체적으로 어떤 점이

제일 힘드십니까?" 상대는 거짓 공감을 받더라도 대부분 알아차리지 못한다. 사람들은 공감받고 싶어 하는 마음 때문에 의외로 디테일을 확인하지 않는다. 그냥 "이 사람은 날 이해해"라고 생각하고 계속 말한다. 같은 반응을 반복하지 않도록 조심하기만 해도 계속해서 이야기를 들을 수 있다.

정보를 거래하라

비밀은 가치 있는 것이며 공짜로 주는 사람은 없다. 거래를 제안하라. "너도 나한테 궁금한 거 있으면 물어봐. 나도 대답할게." 이렇게 말하면 상대는 마음이 편해진다. 일방적으로 당하는 게 아니라는 느낌. 거래라는 느낌.

실제로 상대가 물으면 답해줘라. 단, 통제 가능한 정보만. 치명적인 정보를 줄 필요는 없다. 적당히 개인적이되, 위험하지 않은 선에서. 그러면 상대도 비슷한 수준의 정보를 준다. "나 사실 이번에 부서 이동이 안 될 것 같아. 너는 어때?" 이렇게 말하면 상대도 자기 상황을 말한다. "나도 비슷해. 사실……." 공평하다는 느낌이 들어서 상대는 더 솔직해지고,

정보 교환이 이뤄진다.

정보 거래의 핵심은 먼저 주는 것이다. 먼저 정보를 주면 상대는 빚진 느낌을 받는다. 그러면 준 것보다 더 받을 가능성이 생긴다. 심리학에서 말하는 '호혜성 원칙'이다. 받으면 돌려줘야 한다는 본능. 그래서 상대도 정보를 준다. 단, 거래할 때는 같은 수준으로 맞춰야만 한다. 당신이 사소한 정보를 주고 상대한테 중요한 정보를 요구하면 작동하지 않는다. 비슷한 무게감으로 거래해 상대가 공평하다고 느끼게 하면서, 조금씩 더 정보를 얻어내야 한다.

비밀을 알아낸 후

비밀을 얻었다면 그다음도 중요하다.

첫째, 함부로 쓰지 마라. 비밀은 카드다. 언제 어떻게 쓸지 전략적으로 판단해야 한다. 즉시 쓰면 일회용이다. 참고 있으면 계속 활용할 수 있다.

둘째, 알고 있다는 티를 내지 마라. 상대가 모르게 해야 계속 정보가 나온다. 티를 내면 상대는 입을 닫는다. 더 이상 정보가 안 나온다.

셋째, 지킬 건 지켜라. 모든 비밀을 다 활용할 필요는 없다. 일부는 그냥 간직하라. 신뢰를 쌓는 데 쓰라. 그러면 다음 비밀도 얻을 수 있다.

비밀을 아는 건 권력이다. 하지만 권력을 함부로 휘두르면 잃는다. 조용히 가지고 있으면서, 필요한 순간에만 꺼내라. 그게 진짜 권력을 유지하는 방법이다. 사람들은 계속 비밀을 만든다. 당신이 신뢰를 지키면 그 비밀들이 계속 당신한테 온다. 당신은 점점 더 많이 알게 된다. 더 많이 아는 사람이 관계를 지배한다.

인간은 모두 털어놓고 싶어한다.
강요하지 말고 유도하라.

실전 활용 사례: 상대의 비밀 캐내기

동료 관계 – 프로젝트 내부의 진짜 분위기를 파악하고 싶을 때

상황   프로젝트 팀 내부 분위기가 어딘가 불편하다.
겉으론 평온하지만 안에서는 균열이 자라고 있다.

전략 적용

☐   공식 자리보다 비공식 순간을 노려라.

커피 타임, 엘리베이터, 퇴근 전 짧은 대화가 기회다.

☐   의견이 아니라 '경험'을 물어라.

"팀장님 어때요?"

→ "회의할 때 팀장님이 말할 때 분위기 어땠어요?"

평가를 요구하면 침묵하지만, 경험을 묻는 질문은 안전하다.

조직의 진짜 정보는 공식 보고가 아니라
사람의 감정에 숨어 있다.
듣는 기술이 곧 통제의 기술이다.

2장

거절당하지 않는
부탁을 하는 법

누군가가 거절하는 근본적인 이유

사람은 본능적으로 자신의 선택권을 지키려 한다. 누군가 "이건 꼭 해야 해요"라고 강하게 말하면, 그 말이 옳더라도 마음 한켠에서 싫다는 감정이 올라온다. 심리학자 잭 브렘은 이 현상을 심리적 반발 이론 psychological reactance theory 로 설명했다. 그는 사람들이 자신의 행동의 자유가 위협받는다고 느끼면 본능적으로 그 자유를 되찾으려는 욕구가 생긴다고 주장했다.

즉, 누군가 나를 설득하거나 부탁하려 하면 그 순간 내 안에서는 결정은 내가 하겠다는 반발심이 일어난다. 이 반발이 강해지면 대화는 실패하고 심지어 원하던 것과

정반대로 행동하기까지 한다. 그래서 부탁이 명령처럼 들리는 순간, 거절은 자유를 지키려는 심리적 반사행동이 된다.

또 하나의 대표적인 거절 이유는 인간이 변화를 본능적으로 피하기 때문이다. 행동경제학에서는 이를 현상유지 편향 status quo bias 이라 부른다. 사람은 지금의 상태가 불편하더라도 새로운 선택이 가져올 불확실성을 더 두려워한다. "그냥 지금처럼 지내는 게 낫지"라는 생각이 바로 이 편향의 결과다. 여기에 심리학자 대니얼 카너먼과 아모스 트버스키가 밝힌 손실 회피 loss aversion 원리가 더해진다. 사람은 같은 가치를 놓고도 얻는 기쁨보다 잃는 고통을 두 배 이상 크게 느낀다. 그래서 새로운 제안, 새로운 관계, 새로운 도전은 기회보다 위험으로 인식된다. 거절은 그 위험을 피하고 현상을 유지하려는 가장 쉬운 선택이다.

결국 우리는 상대의 제안을 거절할 때 단순히 싫어서 그러는 것이 아니다. 그 안에는 자유를 지키려는 본능과, 변화를 피하려는 심리가 동시에 작동한다. 누군가를 설득하고 싶다면 이 두 가지를 건드리지 않아야 한다. 상대가 스스로 선택했다고 느끼게 하고, 변화가 손실이 아니라 안정적인 이득처럼 보이게 만들어야 한다. 거절당하지 않는 대화의 핵심은 논리가 아니라 심리적 여유를 남겨주는 설득이다. 이 점을 기억해야 한다.

타이밍이 잘못된 부탁은 거절을 부른다

같은 부탁도 언제 어떻게 하느냐에 따라 결과가 다르다. 당신은 지금까지 부탁을 직진으로 했다. "이거 좀 도와줄 수 있어?" 정공법으로 부탁받은 상대는 즉시 계산을 시작한다. 시간이 얼마나 걸리는지, 귀찮은지, 거절할 핑계가 있는지. 그리고 많은 경우 거절한다. 그러나 더 이상 이런 방식으로 접근해서는 안 된다. 부탁의 성공률은 내용보다 방식에 더 큰 영향을 받는다. 같은 부탁이라도 포장과 타이밍을 바꾸면 성공률이 크게 달라진다.

부탁은 하나의 기술이며 동시에 심리전의 결과다. 정치 로비스트들은 안다. 법안 하나를 통과시키려 할 때 의원들에게 그냥 부탁하지 않는다. 먼저 작은 호의를 베풀고 타이밍을 계산한 뒤 부탁한다. 그러면 거절률이 급감한다.

오늘부터 당신도 그렇게 할 것이다. 더 이상 직진하지

않는다. 설계하고 우회하여 얻어낼 것이다.

작은 부탁부터 시작하라

심리학자들의 한 실험이 있다. 주택가를 돌아다니며 집 앞마당에 큰 교통안전 표지판을 세워달라고 부탁했다. 표지판은 일부러 크고 보기 흉한 디자인으로 만들어, 직접 부탁했을 때 승낙률은 17%였다.

하지만 다른 방식을 쓰자 전혀 다른 결과가 나타났다. 먼저 2주 전에 작은 부탁을 했다. 창문에 "안전운전을 합시다"라는 작은 스티커를 붙여달라고 하자 대부분이 승낙했다. 그리고 2주 후 큰 표지판을 앞마당에 세워달라고 부탁했다. 전략을 바꾸자 승낙률이 76%로 뛰었다. 이를 문전 걸치기 기법 또는 발 들여놓기 기법 foot-in-the-door 이라고 부른다. 작은 문을 열면 큰 문도 열린다.

당신이 동료한테 부담스러운 부탁을 해야 한다고 치자. 프로젝트를 도와달라는 부탁을 바로 하면 거절당할 확률이 높다. 대신 작은 부탁부터 시작해야 한다. "자료 하나만 확인해줄 수 있어?" 5분이면 끝나는 사소한 부탁을 동료는 거절하지 못할 것이다.

그리고 시간이 지나 조금 더 큰 부탁을 한다. "지난번 부탁했던 자료랑 상관있는 건데, 의견 좀 들려줄 수 있어?" 이미 한 번 도와줬으니까 거절하지 못하고 들어준다. 일관성을 유지하고 싶어서다. 그다음은 진짜 부탁을 할 차례다. "이거 같이 해줄 수 있어?" 동료는 이미 두 번을 도와줬으며, 거절하는 순간 앞선 도움들이 의미를 잃고 만다. 그래서 또 들어준다.

핵심은 단계를 만들어 부탁하는 것이다. 한 번에 크게 요구해서는 안 된다. 작게 시작해서 점진적으로 부탁의 강도를 올려라. 상대는 자기도 모르게 당신의 요구를 들어주는 사람이 된다.

일부러 거절당하라

반대 방법도 있다. 거절당할 걸 알면서 큰 부탁부터 시작하는 것이다. 심리학자 로버트 치알디니의 유명한 실험이 좋은 예다. 치알디니는 대학생들에게 청소년 상담 자원봉사를 부탁했다. 조건은 2년간 매주 2시간씩 꾸준히 해달라는 부탁이었고, 당연히도 대부분 거절했다. 승낙률 17%밖에 되지 않았다.

하지만 거절한 직후 작은 부탁을 했다. "그럼 청소년들과 함께 동물원 견학하는 일을 하루만 도와줄 수 있어?" 그러자 승낙률이 50%로 뛰었다. 바로 같은 부탁을 했을 때는 17%였는데. 이를 문전박대 후 양보 기법 door-in-the-face 이라고 부른다. 큰 요구를 거절한 상대에게는 죄책감이 생긴다. 작은 요구가 들어오면 보상하고 싶어진다.

상사한테 일주일 휴가를 받고 싶다고 치자. 바로 일주일을 요구하면 거절당할 수 있다. 대신 먼저 2주를 요구하라. "다음 달에 2주 휴가를 쓸 수 있을까요?" 회사가 바쁘다면 당연히 안 된다고 한다. 그 자리에서 바로 양보하라. "그럼 일주일은 어떨까요?" 상사는 방금 퇴짜를 놓은 참이어서 미안한 마음이 살짝 있다. 그리고 당신도 양보한 것처럼 보이니 이제 상사도 양보할 차례다. 일주일 허가를 허락할 확률이 높아진다.

핵심은 타이밍이다. 큰 요구를 거절당한 직후 즉시

작은 요구를 던져라. 시간이 지나면 죄책감이 식어 효과가 떨어진다. 단, 첫 번째 요구가 너무 비현실적이면 안 된다. "한 달 휴가"를 요구하면 상사는 당신을 이상하게 쳐다볼 것이다. 거절할 수는 있지만 불가능하진 않은 선에서 요구하라.

이유를 붙여라

하버드 대학교 심리학자 엘렌 랭어의 복사기 줄 서기 실험은 유명하다. 실험에서는 도서관 복사기 앞에서 줄 선 사람들한테 새치기를 부탁했다. "먼저 복사해도 될까요?"라고만 말했을 때는 승낙률이 60%였다. "급해서 그러는데 먼저 복사해도 될까요?"라고 물었을 때는 승낙률 94%였다.

재미있는 건 세 번째 경우다. "복사해야 해서 그러는데 먼저 복사해도 될까요?"라고 물었을 때도 두 번째 경우와 비슷한 승낙률 93%로 결과가 나왔다. '복사해야 해서'는 이유가 아니다. 당연한 얘기다. 복사기 앞에 있으니 복사하려는 것이 아니겠는가? 하지만 효과가 있었다.

이 실험은 사람들이 '왜냐하면'이라는 단어에 반응한다는 점을 보여준다. 이유가 있으면 정당하다고 느낀다. 이유가 합리적인지는 별로 중요하지 않다. 이유가 있다는 사실 자체가 중요하다. 그래서 부탁할 때는 항상 이유를 붙여야 한다. "이거 좀 도와줄 수 있어?"가 아니라 "○○ 때문에 이거 좀 도와줄 수 있어?"라고 해야 한다. 이유는 간단해도 된다. "시간이 없어서", "네가 이거 잘해서", "급해서" 이 정도면 충분하다.

상대를 특별하게 만드는 방향으로 이유를 포장하면 더 좋다. "아무한테나 부탁할 수 없어서 너한테 부탁하는 거야", "네가 이 분야 전문가라서" 하고 말하면 상대는 선택받은 느낌을 받는다. 거절하기는 더 어렵다. 심지어 이유가 좀 억지스러워도 된다. 중요한 건 "왜냐하면" 뒤에 뭔가 오는 것이다. 뇌는 그 구조에 반응한다.

선택권을 줘라

"이거 해줄 수 있어?"라는 말은 압박이다. 압박받으면 사람들은 본능적으로 거절한다. 선택권을 주면 다르다.

"A로 도와줄 수 있어, 아니면 B로 도와줄 수 있어?" 사실 도와준다는 내용이 전제되어 있지만, 상대는 통제권이 있다고 느낀다. 압박이 아닌 선택으로 느끼는 것이다. 그래서 더 쉽게 승낙한다.

심리학 연구들이 확인했다. 부탁을 단일 옵션으로 제시했을 때보다 복수 옵션으로 제시했을 때 승낙률이 높다. "설문에 참여해 주시겠습니까?"라고만 묻는 대신 "바쁘시다면 짧은 버전만 응답해 주셔도 됩니다"라고 덧붙이면, 같은 요청이라도 훨씬 더 많은 사람이 응한다. 친구한테 이사 도와달라고 부탁한다고 치자. "이사 도와줄 수 있어?"보다 "토요일 오전에 도와줄 수 있어, 아니면 일요일 오후가 나아?" 이렇게 물어야 한다. 친구는 도와줄지 말지가 아니라 언제 도와줄지를 고민한다. 이미 도와주는 쪽으로 기운 것이다.

단, 선택지는 둘만 주어야 한다. 세 개 이상은 복잡해서 결정 마비가 온다. 오히려 거절률이 올라간다. A 아니면 B, 이 구조가 가장 효과적이다. 그리고 두 선택지 모두 당신이 원하는 결과여야 한다. "도와줄래, 안 도와줄래?"는 올바르게 설계한 선택이 아니다. "오전에 도와줄래, 오후에

도와줄래?"가 잘 설계한 선택이다. 상대가 어느 쪽을 선택해도 당신은 이긴다.

호의를 먼저 베풀어라

사람들은 빚진 느낌을 싫어하며 누군가한테 호의를 받으면 갚고 싶어진다. 사회심리학자 데니스 리건 진행한 실험이 있다. 실험 도중 한 사전 협력자가 잠깐 나가서 콜라를 사 와서 일부 참가자들에게만 나누어 주었다. 나중에 이 협력자가 모든 참가자들에게 복권 구매를 요청했더니, 콜라를 받은 참가자들이 받지 않은 참가자들보다 두 배 이상 더 많은 복권을 샀다. 협력자를 별로 좋아하지 않는다고 답한 참가자들도 복권을 더 샀다. 중요한 것은 빚이 생겼다는 심리적 사실 자체였다.

이처럼 인간에게는 받으면 돌려줘야 한다는 본능이 있다. 이것을 활용해야 한다. 부탁하기 전에 먼저 호의를 베풀어라. 작은 것부터. 커피 한 잔을 사주고 자료 하나를 공유하며 정보를 하나 알려주어라. 쓸모없는 호의였을지는 모르지만 상대는 빚졌다는 생각이 들기 시작한다. 의식하지 못해도 뇌는 기억한다.

며칠 후 부탁하라. 상대는 거절하기 어렵다. 최근에 당신한테 호의를 받았으니까 균형을 맞추고 싶어지고 그래서 들어준다. 중요한 건 호의의 크기가 아니다. 호의를 베풀었다는 사실 자체가 중요하다. 작은 호의도 충분히 효과적이며 오히려 너무 큰 호의는 부담스럽다. 그리고 호의는 최근일수록 좋다. 1년 전 호의는 효과가 약하며 상대가 기억하지 못할 수도 있다. 일주일 이내가 가장 강력하다. 부탁하기 직전에 호의를 베풀어라.

칭찬한 직후 부탁하라

칭찬 한마디가 부탁의 성공률을 극적으로 높일 수 있다. 심리학 연구자들은 일부 학생들에게 "당신은 협조적이고 관대한 사람 같아요"라고 칭찬한 뒤 봉사활동 참여를 요청했고, 나머지 학생들에게는 아무런 칭찬 없이 같은 부탁을 했다. 결과는 명확했다. 칭찬을 들은 학생들의 참여율이 2-3배

높았다. 이유는 간단하다. 사람은 자신이 방금 부여받은 긍정적 이미지를 유지하려는 경향이 있기 때문이다. "나는 협조적인 사람이다"라는 인식이 생긴 순간, 그 이미지를 깨지 않기 위해 자연스럽게 부탁을 받아들이게 된다. 결국 칭찬은 상대의 마음을 여는 '심리적 윤활유'인 셈이다.

친구에게 부탁할 일이 있다고 치자. 바로 부탁하지 말고 먼저 칭찬하라. "너 발표할 때 진짜 말 잘하더라." 친구는 기분이 좋아진다. 그 직후 부탁해야 한다. "혹시 내 발표도 한번 봐줄 수 있을까?" 상대는 방금 칭찬받아 기분이 좋다. 그 상태에서 거절하면 긍정적인 기분이 깨지고 뇌는 그런 상태를 싫어한다. 그래서 승낙하고 만다.

타이밍이 중요하다. 칭찬과 부탁 사이에 오랜 시간이 지나면 효과가 떨어진다. 칭찬 직후 상대가 아직 기분 좋은 상태일 때를 놓쳐서는 안 된다. 단, 칭찬이 진심 어린 것처럼 보여야 한다. 명백히 부탁하려고 칭찬하는 것처럼 보이면 역효과다. 자연스러우면서도 구체적으로 칭찬해야 한다. 그 뒤 자연스럽게 부탁으로 연결하라.

거절을 예상하고 준비하라

모든 부탁이 성공할 수는 없다. 거절당할 수도 있다. 거절당했을 때 어떻게 반응하느냐가 다음을 결정한다. 거절당하고서 화내거나 삐지면 다음 부탁을 할 수 없다. 대신 이해한다는 태도를 보여야 한다. "그럴 줄 알았어. 괜찮아, 바쁘니까 이해해." 상대는 안도하면서도 약간 미안함을 느낀다. 며칠 후 다시 부탁하라. 다른 방식으로 이번엔 더 작은 부탁을 해보거나 또는 다른 타이밍에 부탁해보자. 상대는 지난번의 거절을 기억한다. 또 거절하면 관계가 이상해질 것 같다. 그래서 들어줄 확률이 높아진다.

거절에 대한 반응이 다음 관계를 만든다. 쿨하게 받아들이는 사람한테는 다시 부탁하고 싶다. 거절을 개인 감정을 섞어 받아들이는 사람은 부담스럽다. 또 상대의 거절 이유를 듣는 것도 중요하다. "지금은 안 되는데, 언제쯤 가능할까?" 이렇게 물으면 상대는 완전히 거절하지 못한다. 시간을 미룬다. "다음 주쯤이면……." 이런 말을 들었다면 상대는 이미 승낙한 거나 마찬가지다.

거절은 끝이 아니며 협상의 시작이다. 거절당했을 때 어떻게 대응하느냐에 따라 결과가 달라진다.

마감을 만들어라

사람들은 미룬다. "나중에 해줄게", "시간 나면 할게." 이것은 하지 않겠다는 뜻이다. 긴박함을 만들고 마감을 설정해야 한다. "내일까지 필요해", "이번 주 안에만." 마감이 있으면 우선순위가 올라간다. 단, 마감이 현실적이어야 한다. 너무 촉박하면 처음부터 불가능해 보여서 거절한다. 적당히 타이트하되 가능한 마감을 제시하라.

그리고 그 마감 시간이 어떤 점에서 중요한지 설명하라. "금요일까지 필요한 이유가, 월요일에 발표가 있어서"라는 등의 이유가 있으면 마감이 정당해 보이며 상대는 진지하게 받아들인다. 마감 없는 부탁은 우선순위가 낮다. 결국 다른 일들에 밀리게 되어 있고 그러다 잊혀진다. 마감을 만들어라. 그러면 실제로 해줄 확률이 올라간다.

공개적으로 부탁하라

일대일로 부탁하면 거절하기 쉽다. 둘만 아닌가. 거절해도 다른 사람이 모른다. 그러나 사람들 앞에서 부탁하면 다르다. 거절하면 인색하고 차가워 보인다. 상대는 사회적 이미지를 관리해야 하며 그래서 승낙할 확률이 높아진다.

회의 중에 부탁해보자. 여러 사람 있는 자리에서 "이거 김 대리님이 도와주시면 좋을 것 같은데, 가능하세요?"라고 하면 김 대리는 거절하기 어렵다. 다들 듣고 있으니까. 단, 상대를 궁지에 몰면 안 된다. 너무 부담스러운 부탁을 공개적으로 하면 원한을 산다. 적당한 수준의 부탁을, 거절해도 크게 문제없는 부탁을 공개적으로 하라.

그리고 공개 부탁이 성공하면 공개 감사를 하라. "김 대리님 덕분에 프로젝트가 순조롭습니다. 감사합니다." 여러 사람 앞에서 이런 이야기를 들은 상대는 기분이 좋다. 다음 부탁도 들어줄 가능성이 높아진다.

부탁은 관계를 만든다

역설적이지만 부탁은 관계를 강화한다. 부탁을 전혀 안 하는 관계는 얕다. 서로 필요 없는 사이처럼 느껴진다. 적당한 부탁은 상대를 필요로 한다는 신호다. 당신이 상대를 신뢰한다는 뜻이다. 그래서 관계가 깊어진다.

단, 균형이 중요하다. 일방적으로 부탁만 하면 이용당하는 느낌이 든다. 당신도 상대 부탁을 들어줘라. 주고받는 관계를 만들어라. 그리고 부탁을 들어준 사람한테는 반드시 감사를 표현하라. 구체적으로. "덕분에 이런 결과가 나왔어", "네 도움 없었으면 불가능했어." 상대는 기분 좋다. 또 도와주고 싶어진다.

부탁의 기술은 단순히 원하는 것만 얻는 것이 아니라, 관계까지도 설계하는 것이다. 당신이 필요로 하고 상대도 필요로 하여 서로 도우면서 신뢰가 쌓이는 관계, 이것이 진짜 목표다. 거절당하지 않는 부탁은 상대를 존중하면서도 심리를 이해하는 부탁이다. 강요가 아니라 유도이며 압박이 아니라 설계다. 이렇게 부탁하면 사람들은 기꺼이 당신 부탁을 들어준다.

상대의 거절은 내가 부탁을 잘못 설계했다는 것, 그 이상도 이하도 아니다.

자가진단 체크리스트

"나는 부탁을 감정으로 던지는가, 전략으로 설계하는가?"

아래 항목에 스스로 체크하라.

7개 이상이면 당신은 '직진형(Emotional Requester)',

3개 이하라면 '설계형(Strategic Request Architect)'이다.

- ☐ 부탁할 때 '거절당하면 어쩌지' 하는 생각부터 든다.
- ☐ 상대가 바쁘더라도 일단 부탁부터 던진다.
- ☐ "이거 좀 도와줄 수 있어요?"처럼 단도직입적으로 말한다.
- ☐ 이유를 말하기보다 "급해서요" "부탁드려요"로 끝낸다.
- ☐ 부탁한 뒤 상대가 부담스러워하면 괜히 미안해진다.
- ☐ 도움을 받은 후 감사 표현이 모호하거나 나중으로 미룬다.
- ☐ 거절당하면 당황해서 다음엔 부탁 자체를 피한다.
- ☐ 내가 도와줬던 사람에게는 당연히 도와줄 거라 기대한다.
- ☐ 상대가 거절했을 때 '괜히 부탁했나' 후회한 적이 많다.
- ☐ "왜 이걸 꼭 나한테 부탁해야 하는지" 설명하지 않는다.

결과 해석

설계형 · 균형형 · 직진형

0~3개　**설계형(Strategic Request Architect)**

부탁의 타이밍과 심리를 안다. 나의 호의, 부탁을 들어주어야 하는 이유, 상대의 선택권을 미리 설계하며, 상대의 자존감을 높이는 방식으로 부탁한다.

4~6개　**균형형(Adaptive Negotiator)**

부탁을 할 줄은 알지만 일관성이 부족하다. 때로는 감정이 앞서고, 타이밍을 놓친다. '이유 → 선택 → 감사'의 3단 구조로만 정리해도 성공률이 높아진다.

7개 이상　**직진형(Emotional Requester)**

부탁을 운에 맡긴다. 상대의 심리보다는 자신의 필요를 기준으로 행동한다. 감정적 호소는 일시적인 효과는 있지만, 반복되면 피로감을 남긴다. 설득이 아닌 설계로 접근하라.

3장

말투로
나의 위치를 바꾼다

말투는 서열을 만든다

 같은 내용을 말하더라도 어떻게 말하느냐에 따라 듣는 사람의 인식이 달라진다. "죄송한데 혹시 시간 되시면 이거 봐주실 수 있을까요?" 하고 말하면 겸손해 보이지만, 동시에 약하게 들린다. 반면에 "이 부분 검토 부탁드립니다. 내일까지 피드백 부탁드려요"라고 말하면 동등하거나 위의 위치에서 말하는 것처럼 들린다. 보다 명령에 가깝다. 이렇듯 같은 요청이라도 어조가 달라지면 완전히 다른 메시지가 된다.

 사회언어학 연구에 따르면, 사람들은 말의 내용보다 관계적 의미를 더 강하게 받아들인다. 폴 와츠라윅 등의 주장에 따르면 사람은 무엇을 말했는가보다 어떻게 말했는가에 더 강하게 반응한다. 관계가 불안하거나 긴장된 상황에서는 상대는 당신의 말의 내용보다 목소리의 톤, 표정, 말투 속에 담긴 감정에 집중한다. 예를 들어 "이 문제를 해결하자"라는 말도, 따뜻하고 협조적인 어조로 말하면 "같이 해보자"로 들리지만, 차갑거나 비난하는 말투로 말하면 "너 때문에 이런 일이 생겼으니 네가 해결해라"로 받아들인다.

결국 대화의 성공을 결정짓는 것은 정보의 정확성이 아니라 말에 실린 관계와 감정이다. 똑같은 메시지라도 그것이 전달되는 방식에 따라 전혀 다른 의미로 해석된다. 말의 내용보다 말투와 태도가 더 오래 기억되고 그것이 관계의 분위기를 좌우한다. 즉, 커뮤니케이션은 단순한 정보 교환이 아니라 관계를 드러내는 감정의 언어인 셈이다.

정치인, CEO, 협상가들은 안다. 말의 내용이 아니라 말투가 권력을 만든다는 걸. 같은 말도 강하게 하면 지시가 되고, 약하게 하면 부탁이 된다. 당신이 어떤 위치에 서고 싶은지는 당신의 말투가 결정한다.

오늘부터 당신의 말투를 바꿀 것이다. 그러면 사람들이 당신을 대하는 방식이 바뀐다.

불확실한 표현을 제거하라

"제 생각엔 말이죠, 아마도 그게 좀 더 나을 것 같기도 한데요……."

이 한 문장에 불확실한 표현이 몇 개인가. 처음부터 끝까지다. "제 생각엔", "말이죠", "아마도", "것 같기도", "한데요." 확신이 하나도 없다. 듣는 사람이 당신을 신뢰하기가 더 어려울 것이다.

"그게 더 낫습니다."

같은 의견이지만 단정적이며 확신이 담겨 있다. 듣는 사람이 따르게 되어 있다.

불확실한 표현을 많이 쓰는 사람은 신뢰도가 낮게 평가된다. 언어학자들이 진행한 연구에서는 동일한 정보를 제공하더라도 불확실한 표현을 사용하는 증인이 배심원들에게 믿을 만한 인상을 남기지 못한 것으로 밝혀졌다. 지식이나 확신이 부족하다고 판단하기 때문이었다.

제거해야 할 표현들이 있다. "~것 같아요", "아마", "혹시", "만약에", "어쩌면", "좀", 이런 단어들은 당신의 말에서 힘을 뺀다. 쓸 때마다 권위와 신뢰도가 떨어진다.

"혹시 이거 좀 확인해보시면 좋을 것 같은데요" 대신 "이거 확인 부탁드립니다"라고 말하라. 훨씬 거절하기 어렵다. "제 생각엔 이게 맞는 것 같아요" 대신 "이게 맞습니다"라고 말하라. 틀릴 수도 있다. 하지만 확신 있게 말하는 사람을 사람들은 믿는다.

처음엔 불편하다. 너무 단정적이고 공격적인 것 같다. 하지만 녹음해서 들어보면 알게 된다. 전혀 공격적이지 않으며 오히려 적당하다. 우리는 평소에 너무 약하게 말한다.

문장을 끝까지 끝내라

"그러니까 제 말은… 음… 그게…"

문장을 마무리하지 못하면 생각이 정리되지 않은 사람처럼 보인다. 대화에서 문장 끝을 흐리면 불안해 보이고 신뢰가 떨어진다. 많은 사람들이 문장 끝을 흐리며 말하는 경향이 있다. "~거든요…", "~것 같아서…" 더 이상은 이렇게 말해서는 안 된다.

"제 의견은 이렇습니다."

문장에서 마침표를 찍듯이 말을 끝내보자. 메시지가 확실히 전달되며 듣는 사람은 집중하게 된다. 당신의 말에 힘이 실린다.

"음", "어", "그" 같은 군말도 줄여야 한다. 생각할 시간이 필요하면 차라리 침묵하라. 침묵이 군말보다 낫다. 군말은 불안의 신호지만 침묵은 생각의 신호다.

말투를 고치는 일은 한 번에 이뤄낼 수 없다. 연습이 필요하다. 녹음해서 들어보면 당신이 얼마나 많은 군말을 쓰는지 놀랄 것이다. 의식하고 줄여야 한다. 한 달이면 확연히 줄어든다.

목소리를 낮춰라

높은 목소리는 흥분, 불안, 약함의 신호다. 낮은 목소리는 안정, 자신감, 강함의 신호다. 진화심리학적으로 낮은 목소리는 신체적 크기와 연관됐다. 큰 개체가 낮은 소리를 낸다. 작은 개체가 높은 소리를 낸다. 인간의 뇌도 이 패턴에 반응한다.

놀랍게도 목소리 톤이 낮은 리더들이 더 높은 평가를 받는다. 미국의 사회심리학자 앨버트 머레이비언에 의하면 상대방을 설득할 때 목소리 톤이 영향을 주는 비중은 무려 38%나 되었다고 한다. 실험 결과에서 말하는 사람의 태도가 25%, 전달하는 정보가 7%의 영향력을 발휘했던 것을 감안하면, 목소리 톤이 얼마나 중요한지를 잘 알 수 있다.

의식적으로 목소리를 낮춰라. 목으로 소리를 내지 말고 횡격막에서 소리를 내야 한다. 배에서 올라오는 느낌으로. 말하기 전에 심호흡을 하라. 숨을 깊게 들이쉬면 자연스럽게 목소리가 낮아진다. 반면 긴장하면 목소리가 높아진다. 이때 깊게 호흡하면 진정되고 목소리가 내려간다.

아침에 일어났을 때 목소리가 가장 낮으며 이 톤을 기억해야만 한다. 낮 동안 그 톤에 가깝게 유지하려고 노력하자. 특히 중요한 말을 할 때 목소리를 낮춰야 한다. "이건 중요합니다" 이렇게 말할 때 톤을 살짝 낮추면 무게감이 생기고 사람들은 더 집중한다. 여성도 마찬가지다. 너무 높고 가는 목소리는 신뢰를 떨어뜨린다. 약간만 낮춰도 효과가 있다.

이야기의 템포를 조절하라

 말을 잘하는 사람은 말하는 완급을 조절하는 법을 알고 있다. 흥분되는 부분에서는 약간 빠르게, 생각할 여유를 줄 때는 천천히 부드럽게 조절해보자. 속도를 조절하면 청중의 시선을 붙잡을 수 있고 말의 핵심이 자연스럽게 강조된다.

 말이 너무 빠르면 내용이 흘러가버리고 너무 느리면 집중력이 떨어진다. 적절한 속도의 변화는 말 자체를 리듬 있게 만든다. 중요한 단어 앞에서 잠깐 멈춰라. "이 프로젝트는, 반드시, 성공해야 합니다." 멈춤이 강조점을 만들고 사람들은 더 집중한다.

 문장 사이에 호흡을 넣어라. 강조해야 하는 이야기를 할 때는 한 문장을 말하고 나서 바로 다음 문장을 시작하지 마라. 1초 쉬어라. 듣는 사람이 소화할 시간을 줘라. 그리고 당신도 다음 문장을 준비할 시간이 생긴다.

 사소하다고 생각할 수도 있지만 정치인들도 연설할 때 쓰는 기법이다. 중요한 메시지 전달할 때는 특히 느리게 말한다. 한 단어 한 단어 또렷하게. 그래야 사람들 기억에 남는다. 애플 CEO 팀 쿡이 연설 중 중요한 포인트를 말한 뒤 꼭 잠시 멈추는 것도 같은 이유다. 그 '멈춤'이 말을 더 깊게 만든다. 결국 리더의 말하기는 얼마나 많이 말하느냐보다 어디서 멈추느냐가 중요하다.

질문을 줄이고 진술을 늘려라

한 연구자들은 미국 노스캐롤라이나 법정에서 증인의 증언을 30개월간 분석해보았다. 그 결과, 성별과 무관하게 증인의 직업과 사회적 지위가 높을수록 증인들은 보다 힘이 있는 진술형 문장을 사용하고 그렇지 않은 증인들은 주저하는 문장을 사용해 증언한 것으로 드러났다. 이렇듯 사회적 지위는 말 속에 배어 드러난다.

"이렇게 하면 될까요?" 이것은 질문이며, 상대의 승인을 구하는 말하기다. 스스로 약한 위치에 있다는 것을 드러내고 있다. 반면 "이렇게 하겠습니다"라는 말은 알리는 말이며 강한 위치를 알리는 화법이다.

많은 사람들이 습관적으로 질문형으로 말한다. "제가

이거 해도 될까요?", "이게 맞나요?", "괜찮을까요?" 하고 매번 허락을 구한다. 스스로를 약한 위치에 놓는 것이다. 진술형으로 바꿔 말해야 한다. "이거 하겠습니다", "이게 맞습니다", "괜찮습니다." 허락을 구하는 것이 아니라 알리는 것이다. 훨씬 강한 말하기다.

물론 진짜 질문해야 할 때는 질문해야 한다. 하지만 확인이나 승인을 구할 필요 없을 때는 진술하라. "내일 10시에 만나면 될까요?" 대신 "내일 10시에 봅시다"라고 말하라. 상대가 안 되면 그때 말할 것이다. 먼저 질문할 필요 없다. 연구들에서 확인할 수 있듯 진술형을 많이 쓰는 사람이 리더로 인식될 확률이 높다. 같은 내용을 말한다고 하더라도 말이다.

사과를 줄여라

"죄송한데요", "미안하지만", "실례지만" 하고 습관적으로 사과하는 사람들이 있다. 사과는 당신을 약하게 만든다. 매번 사과할 때마다 상대방 위에 당신이 아래라는 신호를 보낸다. 진짜 잘못했을 때만 사과해야 한다. 습관적인 사과는 멈춰라.

"죄송한데 질문 하나 해도 될까요?" 대신 "질문 하나 하겠습니다"라고 말하라. 사과할 이유가 없다. 질문은 당연한 권리다. "미안하지만 제 의견은 다릅니다" 대신 "제 의견은 다릅니다"라고 말해야 한다. 다른 의견을 제시하는 것은 잘못이 아니며 사과할 필요가 없다.

하버드 비즈니스 스쿨의 연구는 불필요한 사과를 계속하면 능력에 기반한 신뢰를 떨어뜨리고, 관계에서 권력 관계를 잘 느끼지 못하게 된다고 밝혀냈다. 또한 불안을 회피하기 위한 사과는 결국 남에게 불안정하고 무능한 모습으로 투영될 수 있다는 다수의 연구 결과가 존재한다.

사과를 감사로 바꿔보는 것도 좋은 방법이다. "늦어서 죄송합니다" 대신 "기다려주셔서 감사합니다"라고 말하라. 의미는 비슷하다. 하지만 앞의 말하기는 당신을 약하게 만들고 뒤의 말하기는 상대를 높인다. "잘 모르겠는데 죄송합니다" 대신 "확인해보고 알려드리겠습니다"라고 말하라. 모르는 게 잘못은 아니며 확인하는 것이 진짜 책임감이다.

피동 표현을 능동적인 표현으로 바꿔라

명사를 주어로 삼거나 피동으로 말하는 화법은 책임을 회피하는 언어다. "실수가 있었습니다"라는 말에서는 누가 실수했는지 알 수가 없다. 그러나 "제가 실수했습니다"라는 말은 명확하다. 역설적이지만 책임을 인정하는 것이 더 드러난다.

"그 일은 완료되었습니다"라고 하면 누가 했는지 모호하며 책임이 흐릿하다. 반면 "제가 완료했습니다"라는 말은 주체가 명확하며 책임을 지려는 강한 태도로 들린다. "결정이 내려졌습니다"와 "제가 결정했습니다"도 비슷하다. 뒤의 화법은 내게 권한이 있다는 신호를 보낸다.

비즈니스 커뮤니케이션에서는 공손하게 들리기 때문에 피동 표현을 많이 쓴다. 그러나 약하게 들린다. 리더는 자신을 주어로 놓고 말한다. "이 프로젝트는 다음 주에 시작될 예정입니다" 대신 "이 프로젝트를 다음 주에 시작하겠습니다"라고 말해야 한다. 말에서부터 주도권을 느낄 수 있다. "검토가 필요합니다" 대신 "제가 검토하겠습니다"라고 말하라. 행동하는 사람처럼 보인다. 주도적인 표현을 많이 쓰는 사람이 힘 있는 사람으로 인식된다.

거절을 단호하게 하라

"글쎄요, 좀 어려울 것 같은데요……." 이것은 거절이 아니며 희망고문에 가깝다. 대신에 "안 됩니다"라고 말하면 명확하다. 상대방은 다른 방법을 찾는다. 많은 사람들이 거절을 못하고 에둘러 말한다. "고민해볼게요", "다음에요", "시간 보고요" 거짓 희망을 주는 말하기이며 더 잔인하다. 안 되면 명확히 거절하는 것도 필요하다. "죄송하지만 안 됩니다." 이유를 간단히 대고 끝내라. 길게 변명할 필요도 없다. 상대 역시도 거절당할 경우를 생각하고 부탁하고 있다. "지금은 어렵습니다"라고 말하면 간단하다. 거절이 명확하며 이유가 분명하다면 상대방은 받아들이고 넘어간다.

물론 거절은 정중하게 해야 하겠다. 단호함과 무례함은 다르기 때문이다. "이런 이유로 안 됩니다"는 단호함이지만 "무슨 말씀하시는 거예요, 안 됩니다"는 무례하다. "요청

감사하지만 어렵습니다"라는 표현은 정중하고 명확하다. 상대방은 존중받는다고 느끼면서도 거절을 확실히 이해한다.

명확하게 거절하는 사람은 애매하게 거절하는 사람보다 신뢰도가 높다. 약속한 것은 지키고, 지키지 못할 것은 약속하지 않는 사람으로 받아들이기 때문이다. 거절을 두려워할 필요는 없다.

권위 있는 단어를 써라

같은 의미도 어떤 단어로 표현하느냐에 따라 무게가 다르다.

"해보겠습니다" 대신 "실행하겠습니다", "생각해보겠습니다" 대신 "검토하겠습니다", "알아보겠습니다" 대신 "분석하겠습니다"라는 말이 나에게 더 힘을 실어준다. 후자가 더 전문적이며 권위 있게 들린다.

"문제가 있습니다" 대신 "리스크가 있습니다", "좋은 방법입니다" 대신 "효과적인 전략입니다", "중요합니다" 대신 "핵심입니다"라고 비즈니스 용어를 적절히 쓰는 것도 중요하다. 과하면 허세지만 적당하면 전문성이다.

"빨리 해야 합니다" 대신 "시급합니다", "잘 안 됩니다" 대신 "비효율적입니다", "별로입니다" 대신 "최선이 아닙니다"라고 말하라. 단어 선택이 당신의 위치를 만든다. 일상 언어는 평범하며 힘이 빠진다. 전문 언어는 권위 있게 들린다.

단, 상황에 맞춰야 한다. 회의에서는 전문 용어가 적합하겠지만 일상 대화에서는 어색하다.

말투는 연습이다

말투는 하루아침에 바뀌지 않는다. 수십 년간 굳어진 습관이 단번에 될 리가 없다. 의식적인 꾸준한 연습이 중요하다.

녹음하라. 회의, 통화, 대화 등 당신의 언어를 녹음해서 들어보라. 당신이 얼마나 약하게 말하는지, 얼마나 많은 불확한 표현을 쓰는지, 얼마나 자주 사과하는지 알게 된다.

하나씩 고치고 한 번에 다 바꾸려 하지 마라. 이번 주는 "것 같아요" 줄이기에 집중해보라. 다음 주는 목소리 낮추기,

그다음 주는 말 속도 줄이기. 단계적으로.

한 달이면 확연히 달라지고 세 달이면 자연스럽게 된다. 육 개월이면 완전히 새로운 말투가 된다. 그리고 사람들이 당신을 대하는 방식이 바뀐다. 더 경청하고 더 존중하며 더 따른다. 내용은 똑같고 말투만 바뀌었을 뿐인데.

말투는 당신의 위치를 결정한다. 약하게 말하면 약한 위치에 선다. 강하게 말하면 강한 위치에 선다. 선택은 당신의 몫이다.

말투가 낮으면 관계의 위치도 낮아진다.

실전 활용 사례: 상황별 말투 권력 설계

연인 관계 – 감정은 부드럽게, 말투는 단호하게

상황 의견을 말하면 '예민하다', '짜증난다'는 반응을 자주 듣고는 한다.

전략 적용

- ☐ 감정을 싣지 말고 메시지를 명확히 하라.

    "도대체 왜 그렇게 생각해?" → "이건 이렇게 정리해보자."

    문장은 짧고, 어미는 마침표처럼 끝낸다.

- ☐ 사과의 표현 대신 감사의 표현을 하라.

    "늦게 말해서 미안해" 대신 "들어줘서 고마워."

    감정상의 위치가 바뀐다.

사랑에서도 말투는 감정의 위계를 만든다.
단호함은 냉정이 아니라 명확함이다.

4장

도움을 준 뒤
제대로 되돌려받는 방법

당신은 도움을 잘못 주고 있다

도움은 주고받는 것이며 당신은 평생 누군가를 도우며 살 수밖에 없다. 시간을 내줬고, 돈을 빌려줬고, 부탁을 들어줬고, 조언을 해줬다. 그리고 '나중에 내가 어려울 때 도와주겠지', '이 사람들은 내 편이겠지' 하고 생각한다.

그런데 그렇지가 않았다. 당신이 정말 필요할 때, 곁에 아무도 없었다. 전화해도 받지 않고 피하면서 핑계를 댄다. "요즘 바빠서", "다음에", "미안해" 등 표현은 다양하다. 당신은 배신감을 느낀다. '내가 그렇게 도와줬는데…….'

누군가 한 명의 행동이라면 배신이지만 반복된다면 배신이라고 생각해서는 안 된다. 당신에게 잘못이 있는 것이며 도움을 잘못 준 것이다. 도움을 주는 방식이 중요하다. 같은 도움도 어떻게 주느냐에 따라 상대에게는 빚이 될 수도 공짜가 될 수도 있다. 사람들은 도움을 받아도 갚아야 한다고 느끼지 않을 수 있다.

오늘부터 당신은 도움을 다르게 주어야만 한다. 상대가 빚졌다고 느끼게 만들 것이다. 그러면 그들은 돌려준다. 반드시.

습관적인 겸손은 멈춰라

정말 고맙다는 말을 들었을 때 어떻게 답변을 할까? "별거 아니야", "괜찮아", "천만에", "당연하지, 뭐" 등 여러 답변이 떠오를 것이다. 습관적으로 하는 대답이지만, 당신이 보답을 받을지 도움을 주고도 무시당할지는 여기서부터 시작된다.

우리는 누군가에게 도움을 받으면 자연스럽게 언젠가는 보답해야겠다는 마음을 품는다. 단순한 예의 차원을 넘어 인간관계를 지탱하는 기본 원리다. 심리학에서는 이를 호혜성의 법칙이라고 부른다. 누군가에게 받은 만큼 되돌려주려는 본능. 이 본능이 사람 사이의 신뢰를 만들어내는 가장 오래된 사회적 장치다.

그런데 이 순환이 예상치 못한 순간에 끊긴다. 바로 도움을 준 사람이 "별일 아니야", "괜찮아", "신경 쓰지 마" 같은 말을 할 때다. 겸손하게 들리지만 사실 이 말은 상대의 마음속에서 '보답하고 싶은 동기'를 사라지게 만든다. 도움을 받은 사람은 처음에는 감사하지만 동시에 약간의 부담감을 느낀다. 내가 빚을 졌다는 불편한 감정이다. 이 감정이 사람을 움직이게 만든다. 밥을 사거나 작은 선물을 하거나 언젠가 돌려주려는 마음으로 이어진다.

그런데 "정말 별거 아니야"라는 말을 들으면 그 부담감이 사라진다. 마음속에 있던 되갚아야겠다는 의지가 자연스럽게 약해져 정말로 별것이 아닌 게 되고 만다. 결과적으로 도움을 준 사람은 자신이 쓴 시간이나 노력을 돌려받지 못하게 된다.

"별거 아니야"라는 겸손, 착한 사람이 할 법한 발언은 전략적으로는 재앙이다. 당신의 호의를 스스로 평가절하하는 것이며 도움의 가치를 평가절하하고 상대의 빚을 탕감해주는 것이다.

도움을 준 뒤의 올바른 말하기

호혜성의 법칙은 아주 작은 말 한마디에도 영향을 받는다. 도움을 줘서 상대가 고마워한다면 당신은 이제 이렇게 대답해야만 한다.

"당연하지. 우리 입장이 바뀌었으면 너도 나한테 똑같이 해줬을 거잖아."

이 한 문장이 모든 걸 바꾼다. 첫째, 당신은 도움의 가치를 인정했다. 별것 아니라고 깎아내리지 않았다. 이 부분에 대해서는 바로 앞 부분에서 이미 설명했다. 단지 말 한마디가 사람의 보답하고 싶은 마음을 자극하기도 하고 완전히 꺼버리기도 한다.

둘째, 상대에게 기대를 심어주고 상대와의 관계를 정리해주었다. '너도 나한테 그럴 거잖아' 하고 말한 것은 질문이나 추측이 아닌, 당연히 그럴 것이라는 확신을 전한 것이다. 이 말은 우리 사이는 서로 돕는 관계라는 신호를 준 것이다.

"당연히 그럴 수 있지"처럼 상호 신뢰와 기대를 인정하는 표현은 관계를 이어주는 끈이 된다. 결국 인간관계에서 중요한 건 도움의 크기가 아니라 그 도움을 어떤 태도로 주고받느냐다. 말 한마디의 온도가 호의의 순환을 이어줄 수도 끊어버릴 수도 있다.

당신은 상대의 마음 깊은 곳에 씨앗을 심은 것이다. 이 씨앗이 서서히 자라 싹을 틔운다. 상대는 의식하든 못 하든 당신에게 보답해 이 관계를 유지해야 한다는 끌림을 느낀다.

도움의 크기를 말로 조정하라

거듭 강조하지만 도움의 크기는 당신이 실제로 얼마나 수고했느냐보다 상대가 얼마나 크다고 느끼느냐에 달려 있다. 같은 일을 해도 말 한마디에 따라 큰 도움이 될 수도 있고 그냥 해준 일이 될 수도 있다.

예를 들어 필기 노트를 보여달라는 친구의 부탁을 들어준 뒤 "이미 정리한 걸 빌려준 것뿐인데, 별거 아냐"라고 말하면, 그 도움은 그 순간 작아진다. 상대는 정말 별거 아니었다고 무의식적으로 생각한다. 당신이 쏟은 시간, 노력, 배려가 전부

가벼워진다. 반면 "이거 정리할 때 생각보다 쉽지 않았는데, 그래도 도와줄 수 있어서 다행이야"라고 말하면 전혀 다르게 작동한다. 당신은 도움의 노력을 과장하지 않았지만 그 가치가 존중받아야 할 일로 인식된다. 상대는 그 순간 약한 부채감을 느끼며, "이건 반드시 보답해야 할 일"로 각인한다.

도움의 크기는 행동이 아니라 프레임의 문제다. 말을 통해 도움의 의미를 어떻게 설정하느냐가 핵심이다. 사람은 받은 도움의 절대량이 아니라 그 도움을 둘러싼 언어와 태도에 따라 가치를 판단한다. "정말 시간 많이 썼네", "그거 쉽지 않았을 텐데", "덕분에 진짜 살았어" 같은 말이 오가는 이유가 바로 여기에 있다. 이 대화 속에서 도움의 크기가 조성되고, 관계의 무게가 결정된다. 따라서 도움을 줄 때는 겸손보다 명확함이 더 중요하다.

자랑하라는 것이 아니다. 당신이 쓴 노력을 정당하게 인정하는 것이다. 상대는 부담스럽지 않게 이건 공짜가 아니라는 신호를 받는다. 그 작은 문장이 관계의 균형을 만든다. 사람들은 은혜를 기억하지 않는다. 기억하게 만드는 말을 남기는 사람이 기억된다. 도움을 주었다면 그 순간 말로 가치를 정리하라. 그 한마디가 당신의 호의를 공짜 친절이 아닌 갚아야 할 관계로 바꾼다. 도움은 손이 아니라 말로 완성된다.

즉시 갚게 하지 마라

상대가 도움을 받았다. 바로 갚으려 한다. "내가 밥 살게"라는 말이 대표적이다. 흔쾌히 받아주지 말고 잠시 미뤄두어야 한다. 지금 갚게 하면 빚이 바로 청산된다. 상대는 그 순간 편안해진다. 더 이상 당신에게 빚진 게 없다. 심리적 부담이 사라지는 순간, 관계의 연결선도 함께 끊긴다.

도움의 진짜 힘은 갚지 못한 상태에서 생긴다. 아직 빚이 남아 있다는 느낌은 사람의 마음을 붙잡는다. 그 감정이 관계를 이어주는 끈이 된다. 바로 갚아버린 관계는 끝나지만 남겨둔 관계는 계속된다. 그래서 당신은 이렇게 말해야 한다.

"괜찮아. 나중에 내가 필요할 때 도와줘."

이 말 한마디가 빚을 현재에서 미래로 옮긴다. 상대는 여전히 당신에게 신세를 졌다고 느끼며, 그 감정은 잔잔한 의무감으로 남는다.

빚은 사람을 붙잡는 심리적 약속이다. 당신이 정말 현명한 사람이라면 갚게 하지 말고, 기억하게 만들어라. 빚을 유지하라. 그 빚이 당신을 잊지 못하게 한다. 언젠가 당신이 필요할 때, 그 빚은 반드시 돌아온다.

작은 도움을 자주 쌓아라

큰 도움 한 번보다 작은 도움 여러 번이 낫다. 큰 도움은 강렬하지만 기억은 오래가지 않는다. 한 번 갚으면 금세 잊어버리고 만다. 반대로 작은 도움은 쌓인다. 오늘 도와주고 내일 한 번 더 도와주고 그다음 주에도 또 도와주면 상대의 마음속에는 여러 개의 빚이 생긴다. 한 번의 은혜보다 세 번의 호의가 더 깊게 남는다.

동료의 프로젝트를 대신 다 해주는 대신, 나눠서 도와라. 오늘은 자료를 찾아주고 내일은 조언을 해주며 모레는 검토를 도와줘라. 상대에게는 세 번의 빚이 생긴 것이다. 한 번보다 강력하다. 친구에게 큰돈을 한 번 빌려주는 것보다 적은 돈을 여러 번 빌려주는 게 낫다. 50만 원 한 번보다 10만

원 다섯 번이 더 오래 기억된다. 사람은 액수가 아니라 횟수를 기억한다. "이 사람이 나를 자주 도와줬다"는 인식이 생기면 마음은 더욱 빚으로 묶인다.

작게, 자주, 꾸준히 베풀어라. 작은 도움 하나는 약하지만, 반복되면 강력한 심리적 고리가 된다. 당신을 잊지 못하게 만드는 건 크기보다 빈도다. 관계를 쌓고 싶다면, 작은 도움을 자주 쌓아라.

작게, 자주, 꾸준히. 이게 빚을 쌓는 전략이다. 이 빚은 언젠가 이자를 붙여 당신에게 돌아온다.

환영받을 수 있는 도움을 주라

모든 도움이 환영받는 것은 아니다. 좋은 의도로 한 행동이 오히려 상대를 불편하게 만들 때가 있다. 도와주겠다는 생각으로 한 일이 상대에게는 간섭받았다는 느낌으로 남는다. 2020년 플로리다 대학에서 진행한 심리학 연구에 따르면 사람들은 필요하지 않은 도움을 받을 때 불쾌함과 스트레스를 느꼈다. 도움을 받는 순간 자존심이 흔들리고

'내가 무능해 보였나?'라는 생각이 스친다. 특히 원치 않는 조언, 지나친 간섭, 타이밍을 모르는 위로 같은 행동이 그렇다. 이런 도움은 호의로 포장된 통제라고도 할 수 있다. 상대는 감사하지 않고 오히려 피로감을 느낀다.

도움에도 타이밍이 있다. 상대가 요청하지 않았을 때는 섣불리 움직이지 마라. 도움은 주는 사람의 욕구가 아니라 받는 사람의 준비도에 따라 달라진다. 도움을 받는 쪽이 아직 스스로 해결하고 싶어 하는 상태라면 당신의 호의는 방해로 느껴진다. 반대로 상대가 먼저 손을 내밀었을 때 도와주는 행동은 훨씬 깊은 신뢰를 남긴다. 물어보지도 않았는데 도와주는 건 배려가 아니라 불신으로 느껴진다. "저 사람은 내가 혼자선 못 할 거라 생각하나?" 이 생각이 스치는 순간 당신의 호의는 곧장 부담으로 바뀐다.

도움을 주고서 보답을 되돌려받는 사람은 도움보다 도움의 자격을 먼저 확인한다. 상대가 정말 원하는지, 지금이 맞는지, 내가 개입할 이유가 있는지를 살핀다. 도우려면 먼저 묻는 게 좋다. "이거 도와줘도 괜찮을까?" 이 짧은 한마디가 허락을 구하는 동시에 상대의 자존심을 지켜준다. 도움을 요청받지 않았을 때는 기다릴 줄 알아야 한다. 기다림은 무관심이 아니라 신뢰다.

결국 환영받는 도움은 내가 주고 싶은 도움이 아니라 상대가 받고 싶은 도움이다. 과잉 친절은 관계를 망친다. 조용히 기다려줄 줄 아는 사람이, 진짜로 필요한 순간에 신뢰를 얻는다. 도와주고 싶을 때가 아니라 상대가 받아들일 수 있을 때 줘라. 그때 당신의 호의는 진짜 도움이 된다.

도움을 준 이유를 명확히 하라

왜 도와줬는지 설명해야 한다. 이유가 중요하다. 그냥 도와주고 싶었다고 하면 상대는 가볍게 느낀다. 우연이었다. 누구에게나 할 수 있는 일이었다. 특별하지 않다. 반면 "네가 필요해서", "너한테 도움이 될 것 같아서"라고 하면 다르다. 이건 선택적인 행동이며 그 순간, 도움의 무게가 달라진다.

심리학에서도 이 원리가 입증됐다. 앞서 언급한 2020년 발표된 연구에서는 '도움을 받는 사람이 그 도움을 원하지 않았거나 이유를 이해하지 못했을 때', 그 지원이 오히려 스트레스와 불편함을 높였다. 선의로 건넨 조언도 상대가 "왜 나에게 이런 말을 하지?"라고 느끼면 자존심을 건드리는 간섭으로 받아들여진다. 즉, 이유 없는 도움은 오히려 부담이 된다.

도움을 주고 진심이 왜곡되지 않게 하려면, 의도를 명확히 밝혀야 한다. "네가 중요해서 도와준 거야." "우리 관계를 지키고 싶어서 한 말이야." 이렇게 이유를 덧붙이는 순간, 도움은 간섭이 아니라 신뢰의 표시가 된다. 인간관계에서 '이유 있는 도움'은 단순한 친절이 아니라, 상대의 마음을 움직이는 설계된 호의다. 이유가 있을 때 도움은 선심이 아니라 관계의 메시지가 된다.

도움을 거절할 줄도 알아야 한다

모든 부탁을 들어주는 사람은 쉽게 이용당한다. 항상 도와주는 사람은 고맙지 않다. 당연할 뿐이다. "저 사람은 원래 그런 사람이야." "부탁하면 해줄 거야." 이런 말이 따라붙는다. 당연한 도움에는 빚이 생기지 않는다. 의무처럼 여겨질 뿐이다.

가끔은 거절해야 한다. 선택적으로 도와야 한다. 모두를 돕는 사람보다, 때를 가려 돕는 사람이 더 존중받는다. "이번엔 좀 어렵겠어." "지금은 여유가 없어." 이런 말이 당신의 도움을 희소하게 만든다. 희소한 도움은 가치가 높다. 쉽게 도와주지 않는 사람의 손길일수록, 그 도움의 무게는 크다.

거절은 관계를 끊는 행동이 아니다. 진짜 중요한 순간을 위해 여유를 남겨두는 일이다. 아무 때나 도와주면, 정작 중요한 때에 영향력이 사라진다. 전략적으로 거절하라. 중요한 사람의 중요한 부탁은 들어주고, 덜 중요한 부탁은 미뤄라. 당신의 도움이 '언제나'가 아니어야 '특별한 때'가 된다.

도움을 거절할 줄 아는 사람만이 진짜 도움을 줄 수 있다. 당신의 '아니오'는 냉정이 아니라 신호다. 당신의 시간과 에너지는 한정돼 있다. 그 한계를 지킬 줄 아는 사람만이, 필요할 때 진짜 힘이 된다.

받을 때도 전략이 있다

도움을 받는 것도 기술이다. 받는 법을 모르면 관계의

균형이 무너진다. 너무 크게 고마워하면 약해 보이고 너무 가볍게 넘기면 냉정해 보인다. 감사의 무게를 조절해야 한다. 과하게 감사하지 마라. "정말정말 고마워, 어떻게 보답해야 할지 모르겠어." 이런 말은 듣기 좋지만, 당신의 위치를 낮춘다. 빚이 너무 커지면 마음이 불편해지고 상대에게도 부담을 준다. 반대로 아무렇지 않게 받아버리면, 상대는 당신이 무심하다고 느낀다.

가장 좋은 방법은 짧고 단단한 감사다. "고마워, 정말 도움 됐어. 나중에 내가 도와줄게." 이 한마디면 충분하다. 고마움을 표현하면서도 주도권을 잃지 않는다. "나중에 내가 도와줄게"는 단순한 인사가 아니다. '나도 같은 힘을 돌려줄 수 있다'는 선언이다. 그리고 나서는 실제로도 갚아야만 한다. 상대가 말하기 전에 먼저 행동하라. "지난번에 도와줬잖아. 이번엔 내가 할게." 이 말이 관계의 균형을 되찾는다. 빚진 채로 오래 있지 마라. 먼저 갚는 사람이 주도권을 잡는다.

받기만 하는 사람은 약하다. 주고받는 사람은 강하다. 도움을 받을 때는 단단하게 받고 돌려줄 때는 빠르게 갚아라. 그 순환이 유지될 때 관계는 오래간다. 호혜는 신뢰의 근육이다. 계속 써야 단단해진다.

판을 바꾸는 방법

지금까지 당신은 착하게 살았다. 도움을 주고도 "별거 아니야"라고 말하며 스스로 가치를 낮췄다. 그리고 손해를 봤다. 당신의 선의는 사라지고 사람들은 고마워하지 않았다.

이제는 바꿔야 한다. 도움을 주되 전략적으로 주어야 한다. "별거 아니야" 대신 "당신도 나한테 그럴 거잖아"라고 말하라. 가치를 인정하라. 기대를 심어라. 빚을 만들어라. 이것이 판을 바꾸는 방법이다. 당신이 도와줬을 때, 상대는 빚졌다고 느낀다. 언젠가 갚아야 한다고 느낀다. 그 감정이 관계를 움직이는 동력이 되고 당신이 필요할 때 그들이 다가와 도와준다.

주고받는 도움도 하나의 공정한 거래다. 당신이 줬으니 받는 것이며 당연한 권리다. 지금까지는 그 권리를 스스로 지킬 줄 몰랐을 뿐이다. 세상은 착한 사람에게는 보상하지 않지만, 심리와 전략을 아는 사람에게는 보상한다. 더 이상 포기하지 마라. 도움을 주되 값어치를 인정받아라. 빚을 만들되 유지하라. 필요할 때 받아내라. 그래야만 현실을 움직일 수 있게 된다.

당신은 이제 안다. 씨앗을 심는 법을, 그 씨앗이 자라서 당신을 돕게 만드는 법을. 사람들은 의식하지 못하지만 마음속 어딘가에서 당신에게 끌릴 것이다. 도와야 한다는 의무감, 되갚아야 한다는 기억이 그들을 움직인다. 당신은 이제 관계의 주도권을 쥐었다. 그들의 힘이 곧 당신의 힘이다.

호의는 감정이 아니라 계약이다.
계약은 말 한 줄로도 완성된다.

자가진단 체크리스트

"나는 도움을 주고서 흘려보내는가, 전략적으로 돌려받는가?"

아래 항목에 스스로 체크하라.

7개 이상이면 당신은 '소모형(Giver Type)',

3개 이하라면 '회수형(Return Architect)'이다.

- ☐ 도와주면 상대가 언젠가는 알아서 갚을 거라 믿는다.
- ☐ 부탁을 거절하지 못해 '일단' 돕고 본다.
- ☐ 도움을 준 뒤에도 상대가 나를 잘 챙겨주지 않아 서운한 적이 있다.
- ☐ "내가 먼저 했으니, 나중엔 알아서 하겠지"라는 식으로 기대한다.
- ☐ 도움의 대가를 말로 꺼내는 것이 부담스럽다.
- ☐ 나의 호의를 티내면 '계산적인 사람'처럼 보일까 걱정된다.
- ☐ 상대가 내 도움을 당연한 일로 여기는 것 같아 기분이 상한 적이 있다.
- ☐ 도움을 주고 나면 피로감이나 허무함이 따라온다.
- ☐ 나의 도움을 기억시키기보다 잊히는 쪽이 편하다고 생각한다.
- ☐ "덕분에 잘 됐어요"라는 말 한마디면 충분하다고 스스로 위로한다.

결과 해석

회수형 · 균형형 · 소모형

0~3개   **회수형(Return Architect)**

당신은 '호의의 구조'를 설계할 줄 안다. 도움의 시점, 대상, 회수 경로를 미리 계산해 둔다. 덕분에 당신의 도움은 '선의'가 아니라 '자산'으로 남는다.

4~6개   **균형형(Strategic Helper)**

마음은 따뜻하지만 회수 구조가 약하다. 호의는 남고, 영향력은 사라진다. 도움을 줄 땐 다음 연결을 설계하라.

7개 이상   **소모형(Giver Type)**

감정 때문에 남을 돕고, 그 뒤 돌아오지 않는 보답에 감정이 소진된다. 당신의 호의는 결국 잊힌다.

5장

거절하고서도 관계를 유지하는 완벽한 거절법

부탁을 거절하지 못하는 이유

사람이 거절을 어려워하는 이유는 단순히 성격이 유하거나 착해서가 아니다. 심리학자 로이 바우마이스터와 마크 리어리는 인간이 누구나 소속되고 싶어 하는 본능을 지닌 존재라고 말했다. 우리는 관계 속에서 받아들여지고 함께 속해 있을 때 안정감을 느낀다.

반대로, 누군가를 거절한다는 것은 그 관계를 위험에 빠뜨릴 수도 있는 행동이다. 그래서 거절을 망설인다. 실제 연구에 따르면, 사회적 거절을 당할 때 인간의 뇌에서는 신체 통증을 느낄 때와 같은 영역이 활성화된다고 한다. 즉, 거절은 뇌가 위험으로 인식하는 생존 신호다. 그래서 우리는 본능적으로 배제를 피하려 하고 관계를 지키기 위해 때로는 하고 싶지 않은 부탁도 들어준다.

하지만 모든 사람이 같은 정도로 거절을 두려워하는 건 아니다. 심리학에서는 이를 거절 민감성 rejection sensitivity이라고 부른다. 거절에 예민한 사람일수록, 상대가 자신을 실망하거나 멀리할까 봐 불안해한다. 그들은 싫다는 한마디로 관계가 깨질까 봐 두려워하며 그래서 자신이 손해 보더라도 상대의 요구를 수락한다. 이런 사람은 대체로 어릴 때부터 거절이나 비난에 자주 노출된 경험이 있거나, 애착이 불안정한 경우가 많다. 결국 그들에게 거절하지 못하는 습관은 관계를 잃지 않기 위한 방어 기제다.

또 다른 거절하지 못하는 이유로는 인정 욕구와 자기 효능감이 있다. 인정 욕구가 강한 사람은 좋은 사람으로 보이는 것에 자신의 가치를 둔다. 그래서 부탁을 거절하면 상대가 실망하거나 자신을 싫어할까 봐 불안해한다. 그 결과, 타인의 기대에 자신을 맞추는 행동이 나타난다. 여기에 자기 효능감, 즉 "내가 상황을 감당할 수 있다"는 믿음이 낮으면 거절은 더 어려워진다. 거절 후의 불편한 분위기나 갈등을 해결할 자신이 없으니, 결국 그냥 들어주는 게 낫다는 결론을 내린다.

결국, 거절하지 못하는 것은 단순한 성격의 문제가 아니다. 그것은 소속되고 싶은 마음, 인정받고 싶은 욕구, 그리고 스스로를 지킬 자신감의 부족이 뒤섞인 심리적 결과물이다. 그래서 보통 이렇게 행동한다. 돈을 빌려주기 싫은데 친구가 부탁한다. 그러나 거절하지 못하고 알았다며 끄덕이고 만다. 상사가 주말 출근을 요청한다. 물론 당신은 쉬고 싶으며 이미 많이 야근을 했지만 고개를 끄덕인다. 연인이 무리한 부탁을 했고 당신은 부담스럽다. 하지만 들어준다. 왜일까? 거절하면 관계가 나빠질까 봐. 미움받을까 봐. 이기적인 사람으로 보일까 봐. 더 이상 인정받지 못할까 봐. 그래서 당신은 "알겠어"라고 말한다. 하기 싫고 부담스러우며 심지어 손해인데도 하겠다고 한다.

그러나 제대로 거절하는 법을 알면 거절해도 관계는 깨지지 않는다. 오히려 제대로 거절할 줄 알아야 더 존중받고 관계도 건강하게 지속될 수 있다. 심지어 협상 전문가들은 매일 상대의 제안을 거부하고 요구를 받아들이지 않지만, 그들의 비즈니스 관계는 깨지지 않고 관계는 더 견고해진다. 이들은 거절의 기술을 알기 때문이다.

거절은 시점이 중요하다

거절은 언제 말하느냐에 따라 인상 전체가 달라진다. 같은 '안 돼요'라도, 타이밍이 틀리면 싸늘한 냉대가 되고, 맞으면 성숙한 판단이 된다. 너무 빠른 거절은 무례하게 들린다. 상대가 말을 다 꺼내기도 전에 "그건 어렵겠어요"라고 자르는 순간, 그는 당신이 자신의 부탁을 들어볼 의지도, 자신에 대한 존중도 없다고 느낀다. 거절의 내용보다 먼저 다치는 건 자존심이다. 그래서 즉각적인 거절은 태도에 문제가 있어 보인다.

반대로, 너무 늦은 거절도 관계를 해친다. 오랫동안 생각하는 척하며 미루다 뒤늦게 거절하면, 상대는 당신이 "기대하게 만들어놓고 배신했다"고 느낀다. 감정의 낙폭이 커질수록 상처도 커진다. 또 부탁을 들어주리라 믿고 시간을 보내느라 문제를 해결할 수 있는 기회를 놓치게 되었을 수도 있다.

인사 분야의 연구에 따르면 지원자들은 같은 거절이라도 빠르게 통보받을수록 더 결과를 잘 받아들인다고 한다.

채용 지원 후 2주 안에 결과를 전달받은 사람들은 몇 주, 혹은 몇 달이 지나서야 답을 받은 사람보다 그 회사를 더 긍정적으로 평가했다는 것이다. 이는 거절의 내용이 아니라 대하는 태도와 속도가 상대의 마음에 더 깊이 남는다는 것을 보여준다. 늦은 통보는 상대의 기대를 불필요하게 연장시키고, 희망이 무너지는 순간을 더 잔인하게 만든다. 반면 빠른 거절은 적어도 나를 존중했다는 인상을 남긴다.

 더 흥미로운 사실은 거절이 사람의 시간 감각 자체를 왜곡시킨다는 것이다. 사회심리학 연구에 따르면, 또래에게 거절당한 참가자들은 그렇지 않은 사람보다 '시간이 더 길게 흘렀다'고 느꼈다. 즉, 거절의 순간은 실제보다 훨씬 길고 고통스럽게 인식된다. 그렇기에 거절을 미루는 것은 그 사람을 더 오래 고통 속에 머물게 하는 일이다. 결론은 분명하다. 거절은 피할 수 없는 일이라면 빠르고 명확해야 한다. 그것이 상대의 자존감과 관계의 품격을 지켜주면서 나의 인상도 좋게 남길 수 있는 방법이다.

 결국 거절하는 타이밍의 핵심은 충분히 고민한 뒤, 너무 늦지 않게 말하는 것이다. 상대의 말을 끝까지 듣고 잠시 숙고하는 태도를 보여라. 그 잠깐의 여백이 상대에게 "이 사람은 내 말을 진지하게 들었다"라는 신호를 준다. 그리고 하루, 길어야 이틀 안에 결정하라. 너무 빠르면 차갑고, 너무 늦으면 무책임하다.

이 원칙은 협상에도 적용된다. 부동산 중개인이 고객의 요구를 거절할 때를 떠올려보라. 고객이 매매가를 2천만 원 정도 깎아달라고 말한다. 매도인이 그 가격을 깎아줄 것 같지 않지만 중개인은 즉시 "불가능합니다"라거나 "에이, 요즘 시장 상황을 생각하면 이 가격은 합리적이에요"라고 하지 않는다. 대신 고개를 끄덕이며 "확인해보겠습니다"라고 말한다. 그리고 하루쯤 뒤에 전화를 걸어 말한다. "집주인에게 확인해봤는데 어렵겠다고 하네요. 집 수리비 이야기까지 해봤는데, 쉽지 않네요." 고객은 실망하지 않고 '노력했구나' 하고 받아들인다. 거절한 것은 같지만 상대의 태도와 타이밍이 충분히 설득력 있었기 때문이다.

거절의 기술은 거절해야 할 시점에 거절하는 것이다. 즉각적인 부정도, 질질 미뤄서도 안 된다. 충분히 듣고 고민한 뒤 명확하게 이야기해야 한다. 타이밍의 기술이 관계를 보호하고 당신의 신뢰도 지켜준다.

공감하며 들어주어라

거절의 첫 단계는 듣는 것이다. 대부분의 사람은 상대의 말을 다 듣기도 전에 안 된다는 결론부터 내린다. 하지만 관계를 지키는 거절은 감정의 통로를 먼저 열고 난 뒤에 이루어진다. 공감은 상대의 입장을 인정해 주는 일이다. 그 자체가 하나의 존중이다.

상대가 부탁을 꺼낼 때는 이미 마음속에서 여러 번 망설였을 가능성이 크다. 용기를 내서 요청했는데, 돌아온 대답이 즉각적인 거절이라면 그 순간 그는 단순히 '요청이 거절된 사람'이 아니라 이해받지 못한 사람이 된다. 공감은 그 감정을 막아주는 완충장치다. "급하게 돈이 필요한 상황이구나, 힘들겠다. 나도 도와주고 싶은데 지금은 여유가 없어." 이렇게 말하면 결과는 같아도 느낌이 다르다. 거절이 아니라 이해로 들린다.

심리학자 칼 로저스는 "공감은 문제를 해결하는 기술이 아니라, 상대의 존재를 존중하는 태도"라고 했다. 거절 상황에서도 마찬가지다. 공감은 문제를 없애지는 않지만 상처를 남기지 않게 만든다. 상대가 자신의 처지를 이해받았다고 느낄 때 거절의 메시지는 훨씬 부드럽게 받아들여진다.

직장에서도 원리는 같다. 상사가 휴가 신청을 거절해야 할 때 "그 시기에 쉬고 싶은 마음 이해합니다. 나라도 그러고 싶을 거예요. 하지만 그때는 프로젝트 마감이라 어렵습니다. 다른 시기를 함께 찾아보죠." 이렇게 말하면 직원은 불만은 남더라도 존중받았다고 느낀다. 단순히 "그 시기는 안 됩니다"라고 말했을 때보다 훨씬 낫다.

상담 현장에서도 공감은 거절의 핵심 도구로 쓰인다. 상담사가 "그렇게 빨리 나아지고 싶으신 마음 충분히 이해합니다. 다만 이 문제는 조금 더 시간이 필요합니다"라고 말하면, 내담자는 자신이 거절당했다기보다 '함께 현실을 직면한 사람'으로 느낀다. 공감은 단순히 말투의 온도를 높이는 기술이 아니라, 상대의 자존감을 지켜주는 언어다.

결국 공감은 거절의 완충 장치다. 먼저 마음을 헤아려준 뒤 이유를 설명하면 상대는 당신의 결정을 받아들일 준비가 된다. 듣고, 이해하고, 그다음에 설명하라. 감정을 먼저 다루면 논리는 자연스럽게 전달된다.

이유를 구체적으로 말하라

당신은 이제 상대의 이야기를 충분히 들었고 적절한 타이밍에 거절하는 말을 꺼낼 준비가 되었다. 거절할 때 가장 큰 실수는 이유를 생략하는 것이다. "안 돼", "지금은 어려워"라고만 말하면 상대는 단순히 부탁이 거절당했다고 느끼지 않고, 자신 자체가 거부당했다고 느낀다. 감정의 초점이 상대의 부탁 내용이 아니라 '나'에게 옮겨간다. "왜 안 되는 거지?", "나를 돕기 싫은 건가?"라는 의심이 생기고, 서운함이 따른다.

따라서 거절의 핵심은 이유를 말하는 것이다. 이유는 변명이 아니라, 관계를 보호해주는 장치다. "지금은 카드 결제가 몰려 있어서 여유가 없어", "그날은 이미 일정이 잡혀 있어서 도와주기 어려워" 등 이유를 분명히 밝혀야 한다. 이 한 문장이 상대의 감정을 달래고, 거절을 정당화한다. '내가 싫어서가 아니라, 상황이 그렇구나' 하는 인식이 생기면 서운함은 이해로 바뀐다.

이유는 구체적일수록 좋다. 막연한 표현은 오히려

역효과다. "바빠서요", "요즘 좀 힘들어서요", "사정이 있어서요"와 같은 말은 오히려 역효과를 낸다. 미국의 문학가인 칼릴 지브란은 "거절은 분명하게 해야 한다. 모호한 거절은 그저 약한 수락에 불과하기 때문이다"라고 말하기도 했다. 그의 말처럼 상대의 체면을 살려주거나 관계를 유지하기 위해 모호한 거절을 하는 일은 그다지 효과를 거두지 못한다. 앞서 거절당하지 않는 방법을 알아보며 일부러 먼저 거절당하는 기법을 설명했다. 이 기법은 사실 요청한 사람이 거절당한 뒤의 반응에 따라 후속 부탁을 들어줄지 들어주지 않을지가 달라진다. 요청자가 첫 번째 거절을 쉽게 받아들이지 않고 "이해하기 어렵다"는 태도로 반응하면, 응답자는 심리적 긴장을 느끼게 된다.

이때 응답자는 관계 속에서 자신의 사회적 이미지를 지키고 불편한 긴장을 해소하려는 욕구가 커지며, 그 결과 상대가 이어서 제시하는 두 번째, 즉 더 작은 요청을 수락할 가능성이 높아진다. 결국 거절이 명확히 끝나지 않고 모호하게 남아 있을 때 요청자가 포기하지 않고 후속 요청을 지속하면 응답자는 심리적 압박과 이미지 회복 욕구 때문에 오히려 그 요구를 받아들이는 경향을 보이게 된다. 즉 상대가 납득할 수 있도록 잘 설명하면서 거절해야, 그 뒤에 다시 재요청을 받을 가능성을 줄이고, 분위기에 떠밀려 부탁을 들어주고 말 가능성도 줄일 수가 있다.

"바빠서요"라고 모호하게 말했는데 "그럼 다음 주는 괜찮아요?"라고 질문이 되돌아오면 거절하기 어려워진다. 반면, "앞으로 2주 정도는 발표 준비로 일정이 꽉 차 있어서요"라고 구체적으로 말하면, 상대는 "그럼 어쩔 수 없겠네"라며 더 이상 밀어붙이지 않는다. 구체성은 단호함과 신뢰감을 동시에 만든다.

변명과 거짓은 충분한 이유가 될 수 없다

그러나 거절하는 이유를 설명하면서 조심해야 할 것이 있다. 거짓 이유를 만들어내서는 안 된다. "그날 약속이 있어서요"라고 둘러댔는데, 나중에 SNS에서 집에 있는 걸 들키는 순간, 신뢰는 무너진다. 작은 거짓말 하나가 관계의 신뢰도를 전체적으로 깎아내린다. 반복될 경우, 당신의 말은 모두 의심의 여지가 있는 언어로 분류된다. 거짓 이유는 일시적인 불편을 피하기 위한 달콤한 유혹이지만 장기적으로는 신뢰를 파괴하고 만다.

단지 도덕의 문제는 아니다. 신뢰는 인간관계의 인지 자산이다. 상대는 당신의 말을 근거로 미래를 예측한다. "이 사람은 말한 대로 행동할 것이다." 이 예측이 깨지는 순간, 관계는 불안정해진다. 그래서 진실을 말하되 불필요한 세부를 모두 털어놓을 필요는 없다. 핵심만 구체적으로, 그러나 솔직하게 전달하라.

전문가들도 이 원칙을 지킨다. 변호사가 의뢰인의 무리한 요청을 거절할 때 "그건 불법이에요"라고 자르지 않는다. "그건 현재 법조항상 위반 소지가 높습니다. 이전 판례에서도 비슷한 경우가 기각된 사례가 있습니다." 이렇게 설명하면, 거절은 오히려 신뢰를 높인다. 상대는 "이 사람은 피하지 않고 설명하는 사람"이라고 느낀다.

결국 이유를 말하는 것은 변명이 아니라 설득의 마무리다. 명확하고 구체적으로 설명하면, 상대는 당신의 결정을 존중하게 된다. 하지만 거짓 이유나 모호한 변명은 단기적인 평화를 주지만, 장기적으로 관계를 무너뜨린다. 정직하게, 구체적으로, 불필요하게 길지 않게 말하라. 그것이 품격 있는 거절의 핵심이다.

대안을 제시하면 거절이 아니게 된다

관계를 지키는 거절은 "아니요"로 끝나지 않는다. "대신 이렇게라면 가능합니다"로 이어진다. 사람들은 완전한 차단보다 부분적 수용을 훨씬 덜 위협적으로 느낀다. 그래서 좋은 거절은 항상 대안을 동반한다. 상사가 주말 출근을 요청했을 때 "주말은 어렵습니다"에서 멈추지 말고 "대신 월요일 8시에 먼저 출근해서 오전까지 결과물을 드릴게요"라고 이어가라. 내용은 거절이지만, 인상은 해결 제안으로 바뀐다.

친구가 이사 도움을 부탁하면 "그날은 일정이 겹쳐서 힘들어. 대신 전날 트렁크로 박스 몇 개 옮겨줄게" 혹은 "짐 나르기는 어렵지만 오후에 청소와 정리는 내가 맡을게"라고 구체적으로 범위를 제시하라. 연인이 비싼 선물을 원한다면 "지금은 그 금액은 부담돼. 대신 우리 여행 적립 통장을 만들고, 이번엔 소소하지만 오래 쓰는 걸로 고르자"처럼

방향을 바꿔주면 된다. 핵심은 일정, 범위, 자원 중 최소 하나를 바꿔서 현실적인 경로를 열어주는 것이다:

더 나은 대안은 때로 사람이다. 내가 못 한다면 할 수 있는 사람을 연결하라. 이것이 전문적인 관계에서 신뢰를 키우는 가장 빠른 방법이다. "이번 분기엔 제 업무량이 한도를 넘겼어요. 하지만 이 과제는 데이터 시각화가 핵심이라, 그 분야에 강한 A 컨설턴트를 추천드릴게요. 일정과 견적을 같이 잡아 드리겠습니다." 변호사가 의뢰의 특정 분야에 적합하지 않을 때 "그 건은 제 전문영역 밖이라 B 변호사가 더 정확합니다. 제가 직접 브리핑을 넘기고 초기 미팅까지 동행하죠"라고 말하면 거절이 아니라 문제 해결을 나서서 도와주는 사람으로 받아들여진다.

적합한 사람을 정확히 추천하고, 가능하면 따뜻한 소개 한 문장을 덧붙여라. "두 분 모두에게 인사드립니다. 이 일은 C 님이 가장 잘하십니다. 프로젝트 배경은 제가 공유했고, 일정 논의만 진행하시면 됩니다." 이렇게 연결까지 책임지면, 당신은 '못 하는 사람'이 아니라 '끝까지 책임지는 사람'으로 남는다. 대안 제시는 관계를 보호하지만, 무조건 대안을 준비할 필요는 없다. 가치 충돌이 뚜렷하거나 반복된 무리한 요구라면 '대안 없는 단호한 거절'이 맞다.

마지막으로 대안은 구체적일수록 힘이 있다. "다음에 도울게요"는 공허하지만, "다음 주 화요일 저녁 7시에 2시간, 박스 라벨링과 분해 작업만"은 곧바로 실행이 된다. 요컨대 좋은 거절은 문을 닫지 않는다. 문을 바꿔 열어 준다. 그리고 때로는 옆집의 더 맞는 문으로 정확히 안내해 준다. 그때 거절은 거절이 아니라 당신의 신뢰와 영향력을 키우는 방식이 된다.

단호하되 부드럽게 말하라

거절의 품격은 내용보다 톤에서 갈린다. 같은 "어렵습니다"라도 목소리가 날카롭고 속도가 빠르면 공격으로 들린다. 반대로 끝을 흐리고 사과만 되풀이하면 '문이 열린 거절'로 오해된다. 기준은 간단하다. 짧고 낮게, 천천히. 문장은 짧게 끊고, 목소리는 한 톤 낮추고, 속도는 반 박자 느리게 한다. 얼굴 근육을 편안히 풀고 말의 시작은 "저는"으로 해보자. "당신이 무리한 요구를 해서"가 아니라 나의 상황과 이유에 집중하는 것이다.

  상대가 밀어붙일 때는 부드러운 반복으로 돌아가라. 같은 문장을 톤만 유지한 채 세 번까지 반복한다. "도와드리고 싶은 마음은 있어요. 하지만 이번 요청은 수락할 수 없습니다. 가능한 건 월요일 오전 두 시간 정도입니다." 감정이 올라가도 문장만 반복하면 메시지는 단단해지고, 분위기는 깨지지 않는다. 필요할 때는 분명한 기준도 재확인시켜 주어야 한다. "저는 야간 연락에는 답하지 않습니다", "나는 친구 사이에서는 돈 거래는 안 하려고." 나의 원칙을 짧고 현재형으로 알려주어라.

  예시는 이렇다. 연인이 과한 요구를 할 때라면 이렇게 말해볼 수 있다. "그 마음은 이해해. 다만 그때 만나려면 내가 이틀 동안 잠을 줄여가면서 야근을 해야 해서 힘들어. 그래서 그건 못 해. 대신 이번 주말엔 내가 데이트를 준비할게." 직장에서 상사가 급히 투입을 요청할 때 "프로젝트의 긴급성은 이해합니다. 그러나 제가 맡은 A와 B가 마감에 임박해서 이번 건은 수락할 수 없습니다. 대신 내일까지 필요 업무 리스트와 외주 후보 리스트를 드리겠습니다." 현장 서비스처럼 긴장도가 높은 상황에선 정중함을 더한다. "손님, 오늘은 여기까지 모시겠습니다. 안전을 위해 종료하겠습니다." 단호하지만 예의를 잃지 않은 문장이다.

마지막으로, 사과를 줄이거나 감사로 대체하면 좋다. "정말 정말 죄송한데요…"로 시작하면 메시지의 중심이 흔들리고 상대에게 정말 못할 짓을 한 것 같은 분위기가 형성된다. 한 번의 간단한 사과면 충분하다. 또 죄송하다고 말하기보다 감사하다고 말하는 것도 좋다. 나를 믿고 부탁해줘서 고맙고, 다음에는 꼭 기대에 부응하겠다는 메시지를 전하는 것이다.

단호함은 목소리를 키워 얻는 게 아니다. 나와 너의 경계를 분명히 하되, 상대의 체면을 지켜주는 태도에서 나온다. 그렇게 말하는 사람은 거절해도 신뢰를 얻는다.

거절해도 존중받는다

거절은 관계를 끊지 않는다. 방식이 관계를 지킨다. 먼저 듣고, 짧게 숙고한 뒤, 구체적 이유로 결론을 전달하며 가능하면 현실적인 대안을 건넨다. 이때 톤은 낮고 느리게, 문장은 짧고 확정형으로. 변명이나 거짓은 당장의 불편을 덜어도 신뢰를 갉아먹는다.

거절의 기본 서식은 간단하다. '공감, 이유, 결론, 대안.' 상대가 재차 밀어붙이면 부드러운 반복으로 같은 결론을 유지하라. 필요하면 나의 원칙 문장을 덧붙인다.

또한 거절할 때는 과도한 죄송함 대신 감사를 남겨라. "믿고 부탁해 주서셔 감사합니다. 이번엔 어렵지만 다음 기회엔 제가 먼저 제안드릴게요." 진심과 구체성, 그리고 예의를 갖춘 거절은 상대의 체면을 지키고, 당신의 신뢰를 쌓는다.

듣고, 설명하고, 대안을 제시하며, 단호하되 부드럽게 말하는 사람, 이런 사람은 거절해도 존중받는다. 오늘부터 연습하라. 한 번의 깔끔한 거절이 당신과 상대의 관계를 더 오래 지켜준다.

잘한 거절은 오히려 관계를 더 깊게 만든다.

실전 활용 사례: 거절하고서도 관계를 유지하기

직장 관계 – 상사가 내 업무 범위를 넘는 일을 부탁할 때

상황 상사가 회의 직후 "이 보고서 네가 정리해서 다음 주까지 만들어봐"라고 지시한다.
업무 범위를 넘어서는 추가 작업을 그대로 수락하면 과중한 부담이 되며 후에도 '쉽게 시킬 수 있는 사람'이 될 위험이 있다.

전략 적용

☐ 반박하지 말고 이해 신호를 먼저 보내라.

"이 보고서 중요하다는 거 이해합니다.

방향만 한번 더 확인드리고 싶어요."

☐ 객관적 근거로 할 수 있는 범위를 설명하라.

"지금 담당 중인 프로젝트 일정이 ○○까지라

이 업무를 병행하면 일정이 충돌할 것 같습니다."

상사는 감정보다 리스크에 반응한다.

☐ 완전한 거절 대신 조정안을 제시하라.

"자료를 받으면 초안까지는 정리해서 공유드릴 수 있습니다."

감정은 낮추고 근거는 높여라.
'싫다'고 말하지 않고도 업무를 거절할 수 있다.

epilogue

이제, 인간관계를
다시 써라

 책을 다 읽은 지금, 당신은 이미 알고 있을 것이다. 인간은 착하지도, 완전히 악하지도 않다. 모두가 자신의 이익을 계산하며 그 계산이 얽히고 충돌할 때 관계는 복잡해진다. 우리는 그 단순한 사실을 외면해왔을 뿐이다. "사람은 원래 다 그런 거야"라는 말 뒤에 숨어 감정으로 버텼고, 결국 상처받았다.

 하지만 이제 당신은 알게 됐다. 인간 행동의 바탕에 깔려 있는 이기심을 인정할 때 관계는 오히려 단순해진다. 누군가의 행동에 휘둘리지 않고 누가 나를 이용하려 해도 덜 흔들린다. 진정으로 인간의 사고방식과 판단 기준을, 그들의 작동 방식을 깨달았기 때문이다.

 이제 남은 것은 이해가 아니라 행동이다. 누군가에게

상처받았다는 생각이 든다면 이제는 이렇게 생각을 바꿔야 한다.

"상대가 배신한 것이 아니다. 그저 계산 결과가 바뀌었을 뿐이다."

그 순간 감정은 사라지고 분석이 시작된다. 왜 그 사람은 그런 선택을 했는가? 나는 무엇을 주었고 무엇을 받지 못했는가? 이 질문을 던지는 순간, 당신은 이미 관계에서 일방적으로 당하는 사람이 아니라 관계를 설계하는 사람으로 나아갈 수 있게 된다.

호감을 얻는 법을 배웠다면 이제 당신의 말과 행동을 시험하라. 무례한 사람에게 대응하는 법을 배웠다면 다음 만남에서 바로 써먹어라. 거절하고도 관계를 유지하는 법을 배웠다면 오늘 바로 한 통의 메시지로 연습하라. 거래의 룰을 모르면 이용당하지만 룰을 알면 주도할 수 있다. 누구에게 감정을 쏟을지, 어디서 멈출지, 무엇을 받을지를 스스로 정하라. 그 순간부터 인간관계는 통제 가능한 영역이 된다. 인간을 바꾸려 하지 말고 인간의 작동 방식을 이해하라. 이기심과 본능을 이해하고 전략을 바꿀 때 상처받지 않으면서도 영향력 있는 사람이 될 수 있다.

당신이 움직일 차례다. 관계를 받아들이고 해석하는 사람이 아니라 관계를 설계하는 사람으로, 착함 대신 냉정함으로, 감정 대신 전략으로, 당신의 인간관계를 다시 짜라.

그때 비로소 당신은 사람 속에서도 흔들리지 않는 중심을 얻게 될 것이다.

다크심리학

1판 1쇄	2025년 12월 10일
지은이	다크 마인드
발행처	다크 마인드 북스
등록번호	2021년 5월 21일 제2021-000019호
이메일	darkmindbooks2000@gmail.com

ⓒ다크 마인드, 2025

* 책값은 뒤표지에 있습니다.
* 책의 교환 및 반품은 구매하신 서점에서 하실 수 있습니다.
* 책 내용의 이용을 원할 시에는 반드시 지은이와 다크 마인드 북스 양측의 서면 동의를 받아야 합니다.

ISBN   979-11-93282-55-7 (03190)